Rüdiger Lux
Die Weisen Israels

Rüdiger Lux

DIE WEISEN ISRAELS

Meister der Sprache
Lehrer des Volkes
Quelle des Lebens

Evangelische Verlagsanstalt

Die Deutsche Bibliothek – CIP-Einheitsaufnahme

Lux, Rüdiger:
Die Weisen Israels : Meister der Sprache – Lehrer des Volkes – Quelle des Lebens / Rüdiger Lux. – Leipzig : Evang. Verl. – Anst., 1992
ISBN 3-374-01407-0

ISBN 3-374-01407-0

Printed in Germany. H 6368
Umschlaggestaltung: Helmut Tracksdorf
Gesamtherstellung: Druckhaus Aufwärts Leipzig GmbH

Inhalt

Vorwort

Das vorliegende Buch zur Weisheit der Bibel hat nur eine Absicht: Es möchte seine Leser dazu verlocken, selbst in dieser faszinierenden Welt der Sprüche, Gedichte, Reden und Erzählungen Entdekkungen zu machen. Deswegen wurde – auch mit Rücksicht auf einen überschaubaren Umfang – auf eine Darstellung der Fachdiskussion fast völlig verzichtet. Im Literaturverzeichnis, das nur eine Auswahl wichtiger deutschsprachiger Titel enthält, sind vor allem solche Arbeiten angegeben, die den Interessierten zuverlässig durch das Labyrinth der exegetischen Diskussion zur Weisheit Israels führen. Vor allem die »Einführung in die alttestamentliche Weisheitsliteratur« von *Horst Dietrich Preuß* gibt bei aller Eigenständigkeit in der Beurteilung der Weisheit einen soliden Einblick in das wissenschaftliche Gespräch (siehe S. 169). Ich habe auch darauf geachtet, die exegetische Fachsprache zu vermeiden. Wo es sich nicht umgehen ließ, wurden die Begriffe erklärt. Ein besonderes Problem stellt der Begriff der »Weisheit« selbst dar. In den wissenschaftlichen Veröffentlichungen zur Sache wird er in einem sehr weiten Sinn verwendet. Er dient zur Beschreibung des gesamten Phänomens der Weisheit und wird häufig als Chiffre für die als Frau vorgestellte personifizierte Weisheit, die Weisen selbst, ihre Lehren, ihre Texte und ihre gesamte Lebensart eingesetzt. In der Regel habe ich versucht, den Begriff differenziert zu verwenden. Wo trotzdem schlicht von der »Weisheit« die Rede ist, da wird auf das Gesamtphänomen verwiesen. Dabei verzichte ich bewußt auf den Versuch einer Definition dessen, was denn nun eigentlich »Weisheit« sei. Schon der Versuch wäre alles andere als weise und würde der ganzen Art des Denkens, Redens und Handelns der biblischen Weisen widersprechen. Für sie war Weisheit ein Lebensprogramm, das sich jeder schlüssigen Kurzformel oder Definition entzog. Sie versuchten dem Phänomen weniger durch definitive Abgrenzungen auf die Spur zu kommen als durch die Beobachtung, Sammlung, Ordnung und Überlieferung vielfältigster menschlicher Erfahrungen. Dabei ging es immer darum, in der Fülle der sich teilweise widersprechenden und widersinnigen Erfahrungen vorgegebene Ordnungen und Regeln zu entdecken, ihnen durch kluges Verhalten zu entsprechen und vor ihrer Vernachlässigung zu warnen.

Ich habe mich zwar um eine wissenschaftliche Fundierung des Dargelegten bemüht. Aber es ging mir in erster Linie darum, einzelne Kammern im Haus der Weisheit für einen Moment zu öffnen, die Leser einen Blick in ihr Inneres werfen zu lassen, sie dazu zu bewegen, sich hier oder dort verweilend niederzulassen. Eine erste Begegnung mit dem Phänomen Weisheit sollte für alle interessierten Bibelleser vermittelt werden. Deswegen wurden einzelne Texte oft recht ausführlich interpretiert. Die Weisheit sollte selbst Gelegenheit bekommen, sich auszusprechen. Ihren Ruf galt es weiterzutragen. Das Ideal, hinter dem letztlich jeder Autor zurückbleibt, war es, nicht über die Weisen Israels und ihre Lehre zu reden, sondern sich von ihnen Wort und Stimme zu leihen, mit ihnen in ein Gespräch einzutreten, ihren Trost und ihre Kritik erfahrbar werden zu lassen.

Dazu war es zunächst einmal notwendig, unser Ohr für den »Ruf der Weisheit« zu öffnen (Kapitel I). Aus dem Hören folgt das sorgsame Achten auf das Sprechen. Den Weisen der Bibel können wir als »Meistern der Sprache« begegnen (Kapitel II und III). Jeder Sprecher hat schließlich seinen Ort, ist eingebunden in Gemeinschaften, mit denen er im Gespräch ist. Israels Weise hatten ihren Ort nicht in exklusiven Gruppen, die eine nur ihnen zugängliche Binnensprache pflegten. Sie waren im besten Sinne des Wortes »Lehrer des Volkes«. Was sie zu sagen hatten, galt nicht allein einer wohlhabenden Bildungsschicht, selbst wenn es von dieser in besonderer Weise gepflegt und gesammelt wurde. Ihre Weisheit ging aus den Erfahrungen des Volkes hervor und leitete dieses an, neue Erfahrungen mit der Erfahrung zu machen (Kapitel IV). Warum aber ruft die Weisheit? Was trieb die Weisen zu ihrem Reden und Tun? Die Gewißheit, daß trotz aller schmerzlich erkennbaren »Grenzen der Weisheit« (Kapitel VI) diese eine »Quelle des Lebens« (Spr 13, 14) ist (Kapitel V und VII).

Diese Weisheit ist vielen Christen und Nichtchristen wenig bekannt. Sie steht für manchen eher am Rande als im Zentrum der Bibel, und einige möchten ihr selbst diesen Platz am Rande streitig machen. Ich denke, wir sollten ihr Gelegenheit geben, sich in den Alltag unserer modernen Wissenschaftskultur einzumischen (Kapitel VIII). Wenn sie nicht unserer Vergeßlichkeit oder gar der Zensur der Theologen zum Opfer fällt, dann darf man zuversichtlich sein, daß sie für sich selbst spricht und unsere rühmenden Worte nicht nötig hat.

Die Bibeltexte wurden in der Regel in der auch wissenschaftlich zuverlässigen Übertragung der Jerusalemer Bibel in der Ausgabe des St. Benno-Verlages (Leipzig 1969) widergegeben. Dem mit dem revidierten Luthertext oder der Einheitsübersetzung vertrauten Bibelleser könnte diese weniger eingängige und zuweilen schwieriger zu verstehende Übersetzung ein Stolperstein sein. Doch manchmal tut es gut, beim Lesen allzu bekannter und glatter Texte zu stolpern, noch einmal neu hinzuhören, ungewohnte Töne zu vernehmen, die Augen noch einmal über die Zeile gleiten zu lassen, sie mit dem vertrauten Bibeltext zu vergleichen. Das kann zu einer neuen Aufmerksamkeit für das Wort führen und das Bewußtsein wachhalten, daß jede Übersetzung nur einen Kompromiß zwischen zwei Sprachen darstellt, bei dem es nicht allein auf Schönheit und schnelles Verstehen ankommt. Der rauhe Text gibt manchmal mehr zu denken als der glatte. Dabei habe ich auch den alttestamentlichen Gottesnamen in Gestalt des sogenannten Tetragramms (= vier Buchstaben) belassen: JHWH! Er sollte uns Christen daran erinnern, daß Juden es vermeiden, ihn auszusprechen, um den Namen Gottes nicht zu verletzen (2.Mose 20,7; 5.Mose 5,11). Ich denke, auch uns steht eine falsch verstandene Familiarität im Gespräch mit Gott nicht immer gut zu Gesicht. Wenn »JHWH-Furcht der Weisheit Anfang ist« (Spr 1,7), dann hat das auch für unser Sprechen von Gott und mit Gott Konsequenzen.

Um zur Anschaulichkeit des Wortes beizutragen, habe ich einige Abbildungen hinzugefügt. Für ihre Nachzeichnung danke ich meinem Sohn Friedrich Jakob. Die zitierte Literatur wird mit Verfassernamen, einem Titelstichwort und der Seitenzahl angegeben. Die vollständigen bibliographischen Nachweise sind im Literaturverzeichnis einzusehen. Herrn stud. theol. Andreas Kunz danke ich für die Anfertigung des Bibelstellenregisters und das Mitlesen der Korrekturen, den Mitarbeitern des Verlages und der Druckerei für die Betreuung des Buches, das – wie der Verlag selbst – beinahe ein Wendeopfer geworden wäre. Wenn es nun nach mehrjähriger Verzögerung doch noch erscheinen darf, dann mag es den Leser daran erinnern, daß wir Lebensweisheit auch nach der Wende nötiger haben denn je.

Naumburg, im Dezember 1991 Rüdiger Lux

Abkürzungsverzeichnis

Altes Testament, Apokryphen und Pseudepigraphen

Das erste Buch Mose	1.Mose
Das zweite Buch Mose	2.Mose
Das dritte Buch Mose	3.Mose
Das vierte Buch Mose	4.Mose
Das fünfte Buch Mose	5.Mose
Das Buch der Richter	Ri
Das erste Buch Samuel	1.Sam
Das zweite Buch Samuel	2.Sam
Das erste Buch der Könige	1.Kön
Das zweite Buch der Könige	2.Kön
Das erste Buch der Chronik	1.Chr
Das zweite Buch der Chronik	2. Chr
Das Buch Esra	Esra
Das Buch Hiob	Hiob
Der Psalter	Ps
Die Sprüche Salomos	Spr
Der Prediger Salomo (Kohelet)	Koh
Der Prophet Jesaja	Jes
Der Prophet Jeremia	Jer
Die Klagelieder Jeremias	Klgl
Der Prophet Ezechiel	Ez
Der Prophet Amos	Am
Der Prophet Obadja	Obd
Der Prophet Sacharja	Sach
Das Buch Daniel	Dan
Das Buch der Weisheit Salomos	Weish
Das Buch Jesus Sirach	Sir
Das vierte Buch Esra	4.Esra
Das Äthiopische Henochbuch	Äthiopischer Henoch

Neues Testament

Das Evangelium nach Matthäus	Mt
Das Evangelium nach Markus	Mk
Das Evangelium nach Lukas	Lk
Das Evangelium nach Johannes	Joh
Der Brief an die Römer	Röm
Der erste Brief des Johannes	1.Joh
Der Brief des Jakobus	Jak

Babylonischer Talmud

Schabbat
Baba Batra
Abot
Qiddushin

Monographische Reihen und Zeitschriften

(Nach Siegfried Schwertner, Theologische Realenzyklopädie. Abkürzungsverzeichnis, Berlin/New York, 1976)

ATD	Das Alte Testament Deutsch
BC	Biblischer Commentar über das Alte Testament
BEATAJ	Beiträge zur Erforschung des Alten Testaments und des Antiken Judentums
BEThL	Bibliotheca ephemeridum theologicarum Lovaniensium
BHTh	Beiträge zur historischen Theologie
BK.AT	Biblischer Kommentar. Altes Testament
BSt	Biblische Studien. Neukirchen
BZAW	Beihefte zur Zeitschrift für die alttestamentliche Wissenschaft
EdF	Erträge der Forschung
EvTh	Evangelische Theologie
FRLANT	Forschungen zur Religion und Literatur des Alten und Neuen Testaments
FS	Festschrift

fzb	Forschungen zur Bibel
HAT	Handbuch zum Alten Testament
HO	Handbuch der Orientalistik
KAT	Kommentar zum Alten Testament
NEB	Die Neue Echter Bibel
PTh	Pastoraltheologie. Göttingen
SBS	Stuttgarter Bibelstudien
SQAW	Schriften und Quellen der Alten Welt
StANT	Studien zum Alten und Neuen Testament
TB	Theologische Bücherei
ThTh	Themen der Theologie
ThViat	Theologia viatorum
VF	Verkündigung und Forschung
VT	Vetus Testamentum
WMANT	Wissenschaftliche Monographien zum Alten und Neuen Testament
WO	Welt des Orients
WUNT	Wissenschaftliche Untersuchungen zum Neuen Testament
ZAW	Zeitschrift für die alttestamentliche Wissenschaft
ZBK	Zürcher Bibelkommentar
ZThK	Zeitschrift für Theologie und Kirche

KAPITEL I

Der Ruf der Weisheit

Kleines Lob der Einfalt

Wo lassen sich die Weisen finden? Unter denen, die Rang und Namen haben, denen, die sich in der Kunst des Regierens üben und um die Gunst des Volkes buhlen, den Wissenschaftlern, Künstlern und Philosophen? Rabbi *Nachman von Bratzlaw* (1772–1810) erzählt:

> Es war einmal ein einfältiger Schuster. Der hatte zum Mittagsmahl nichts als ein trockenes, hartes Stück Brot. Wenn er aber das Tuch entfaltete, in dem dieses säuberlich verwahrt lag, wenn er den Segen über dem Brot sprach, dann saß er an königlicher Tafel. Die ersten Bissen aß er, als sei es eine nahrhafte Suppe. Danach kam ein größeres Stück. Das zerging ihm auf der Zunge wie ein saftiger Braten. Und zum Schluß sammelte er die Krumen. Sie hinterließen einen Nachgeschmack, als habe er gerade köstlichen Rosinenkuchen genossen. Der Schuster dankte dem Ewigen für das ›himmlische‹ Brot. Dann nahm er wieder sein Tagewerk auf. Ihm fehlte es an nichts.

Für Rabbi Nachman war dieser Schuster ein Weiser. Seine Einfalt hatte ihm die Augen geöffnet, die Zunge gelöst, den Magen gefüllt und das Herz weit gemacht. Im Brot auf der Schusterbank entdeckte er die Königin aller Speisen. Alles war darin verborgen und beschlossen, was Gott dem Menschen zugedacht hatte. Wenn der Schuster die Augen schloß, dann sah er mehr als Könige und Edelleute. War deren Blick nicht häufig geblendet von den Schätzen der Welt? War ihre Zunge nicht verklebt vom süßen Genuß, der Magen zerdehnt von der Gier, das Herz eng von der Liebe zu sich selbst? Der einfältige Schuster entdeckte im Brot den Geber aller Speisen (Ps 104,27), im Korn des kargen Landes schmeckte er die Freundlichkeit des Schöpfers auf der Zunge (Ps 65,10–14).

Wurde er ein Opfer seiner hungrigen Phantasie? Nein! Seine Einfalt war nicht die eines Narren, der Luftschlössern hinterherschaut. Sie war Ausdruck einer schlichten, einfachen Redlichkeit, die in den

Dingen des täglichen Lebens mehr sieht als nur ihren äußeren Schein. Die Einfalt des Weisen wohnte in ihm, die Zucht und Bescheidenheit, nicht die Blasiertheit des Einfaltspinsels. »Denn es ist die wahre Weisheit, im Brot allen Wohlgeschmack der Welt zu kosten, und es ist die wahre Weisheit, in dem armen kargen Ländchen, das Tor des Himmels zu erkennen« (*M. Buber,* Werke III, S. 932).

Das Gastmahl der Weisheit

Wer die Weisheit des Schusters nicht verachtet, dem kann sie als Frau begegnen, die auf den Straßen und Plätzen der Stadt ihre Stimme erhebt. Im lebhaften Getümmel an den Toren, auf Kreuzungen und an öffentlichen Gebäuden, da steht sie und ruft (Spr 1,20f.; 8,1–3):

»An euch, ihr Männer, ergeht mein Ruf:
euch gilt meine Stimme, ihr Leute!
Nehmt Klugheit auf, ihr Gedankenlosen;
ihr Törichten, gewinnt Verstand!« (Spr 8,4f.)

Offensichtlich hat es die weise Frau nicht leicht, sich Gehör zu verschaffen. Keiner geht zu ihr. Sie muß die Öffentlichkeit suchen und zu den Leuten kommen. Fast mutet es an, als betriebe sie wie in einem Straßentheater Werbung für sich. Und weil es wohl viele gibt, die noch nicht auf den Geschmack der Weisheit gekommen sind, wird sie zu einer großzügigen Gastgeberin. Sie hat ein Haus gebaut mit sieben Säulen, Vieh geschlachtet, Wein gemischt, den Tisch bereitet. Die Mägde werden ausgeschickt, um zum Gastmahl zu laden:

»Kommt! Esset von meinem Brot!
und trinkt vom Wein, den ich gemischt!« (Spr 9,5)

Schon diese Bilder lassen erkennen, daß Weisheit mehr ist als gesammeltes Wissen und die gebündelte Erfahrung eines ergrauten Hauptes. Sie geht auch nicht in der Regierungskunst eines gerechten und gottesfürchtigen Dichterkönigs auf, den man in Salomo verehrte (1.Kön 3,5–28; 5,9–14; Spr 1,1; Koh 1,1).
Die Weisheitsgedichte im Sprüchebuch (Kap. 1–9) geben immer wieder zu erkennen: Weisheit geht nicht vom Menschen aus, sie kommt zum Menschen. Und das auch nur dann, wenn er bereit ist, sie zu sich kommen zu lassen. Offensichtlich stand sie zu keiner Zeit hoch im Kurs. Sie hatte es schwer, das einsichtige Ohr der Männer

zu finden. Weisheit, das war und ist eher ein Mangel als ein Besitz, der zu unserem Habitus gehörte. Die Art und Weise, in der die Weisheit aus der Verborgenheit tritt und die Öffentlichkeit sucht, sich fast marktschreierisch in Erinnerung bringen muß, läßt vermuten: Unser flinkes Reden von der verlorenen Weisheit längst vergangener Zeiten trügt. Weisheit war zu keiner Zeit an der Zeit. Immer wieder wurde die Einladung an ihre Tafel ausgeschlagen.

Abb. 1 Freske in Sv. Kliment in Ohrid (Makedonien)
(Illustration zu Spr 9,5)

Auf der aus dem 13. Jahrhundert stammenden Freske sitzt die personifizierte Weisheit als einsame Gastgeberin am gedeckten Tisch. Die ausgeschickten Mägde kehren zurück. Aber sie kommen allein, ohne die geladenen Gäste. Das Bild in der Vorhalle der Kirche läßt sich vielfältig deuten. Sollten sich die frommen Pilger und Beter, die die Kirche als den im Hintergrund der Freske dargestellten »Weisheitstempel« betraten, als Akteure in das dargestellte Geschehen mit hineingenommen wissen? Waren sie es nicht selbst, die Teilnehmer am eucharistischen Mahl, die den Mägden der Weisheit willig folgten? Diese Deutung liegt nahe, wenn man bedenkt, daß schon sehr früh in der Geschichte des Christentums Ekklesia und Sophia, Kirche und Weisheit, miteinander verbunden, ja identifiziert werden konnten. Und doch hinterläßt das Bild den Eindruck einer strengen Einsamkeit. Es scheint, als sei man der Einladung ebensowenig gefolgt, wie der zum großen Abendmahl, von der der Lehrer der Weisheit aus Nazaret erzählte (Lk 14,15–24).

Weisheit und Wissen

Das Bild vom Gastmahl der Weisheit in Spr 9 verrät uns aber noch mehr vom Wesen der Weisheit, wenn wir es recht zu lesen verstehen. Weisheit ist mehr als Wissen. Sie teilt sich uns nicht allein durch Geist und Verstand mit, sondern durch alle leiblichen Empfindungen und Sinne. Sie will den ganzen Menschen. Das lateinische Wort für Weisheit, *sapientia*, erinnert daran. Es ist abgeleitet von dem Verb *sapio*, das mit »schmecken, riechen« oder auch »verständig sein« übersetzt werden kann. Die Weisheit geht also nicht nur durch den Kopf, sie will auch über die Zunge und durch die Nase, sie weckt alle Lebenssinne.

Das aber, was im Ursprung noch beieinander und ineinander lag, das ist schon lange in zwei Bereiche zerfallen. Im Alt- und Mittelhochdeutschen ist die Einheit von Weisheit und Wissen noch deutlich hörbar. So besingen die Dichter *Rudolf von Ems* oder *Wolfram von Eschenbach* (13. Jh.) die *wîsheit* sowohl als Gabe Gottes wie auch als Wissen um die naheliegenden, praktischen Gegebenheiten des Lebens. Der *wîse* Mann war einer, der um einen Sachverhalt welcher Art auch immer Bescheid wußte. Bald aber schon begann man zwischen dem Weisen und dem Wissenden zu unterscheiden. Der Weise war nun ein Mann des Lebens und der Wissende ein Mann der Lehre. Die »loslösung der wissenschaft vom leben« hat die »trennung von weisheit und wissenschaft« in der Geschichte der abendländischen Kultur befördert (*J. u. W. Grimm*, Wörterbuch XIV, S. 1013).

Der Siegeslauf unserer modernen, von der Hochtechnologie geprägten Wissenschaftskultur hat uns in vielen Bereichen schmerzlich spürbar werden lassen, daß diese wie nie zuvor in der Gefahr steht, das Leben zu verfehlen. Die Nutzung der Atomenergie zu militärischen und friedlichen Zwecken, die Möglichkeit der Genmanipulation am menschlichen »Genmaterial«, die ökologischen Folgen einseitig bedürfnisorientierter Gesellschaften, alles das sind Herausforderungen, die nicht allein wissenschaftlich, sondern auch ethisch in Weisheit bewältigt sein wollen. Sind wir noch dazu in der Lage, in unserer Lebenssituation den Ruf der Weisheit zu vernehmen?

Angesichts dieser Bewährungsproben hat der Pariser Wissenschaftshistoriker *Wilhelm Bernhard* die Frage gestellt: »Was können wir tun?« Eine seiner nachdenkenswerten Antworten lautet: »Sich im klaren darüber sein, daß Wissenschaft, welche nicht auf einem *ethischen Fundament* ruht, dem Menschen nicht dienen kann. Ethik hat ihre tiefsten Wurzeln in der Religion, in der Weisheit der Antike, in der Überlieferung der Besten vieler Generationen und wohl auch im geheimen Bedürfnis der menschlichen Seele selbst« (*W. Bernhard*, Wissenschaft, S. 33–36). Wird es uns gelingen, diese Ethik der Weisheit wiederzugewinnen?

Kapitel II

Quellen der Weisheit

»(Wie) goldene Äpfel auf silbernen Schalen,
so ein zur rechten Zeit gesprochenes Wort.« (Spr 25,11)

Wer das richtige Wort zur rechten Zeit so hoch schätzt, dem wird man zutrauen dürfen, daß er selbst die Sprache verantwortlich gebraucht. Die Weisen Israels taten das. Eine Fülle von Sprüchen läßt erkennen, daß sie sich und ihre Schüler zu einem überlegten und sorgsamen Umgang mit der Sprache anhielten, denn:

»Bei vielem Reden bleibt Sünde nicht aus;
doch wer die Lippen zügelt, handelt verständig.« (Spr 10,19)

Deswegen liegt es nahe, die Weisheit der Bibel zunächst über ihre Sprache kennenzulernen.

Wer diesen Weg sucht, muß wissen, wo sich die Weisheit ausspricht, welche Quellen, welche biblischen Bücher ihr zugerechnet werden. Bevor wir diese ein wenig näher betrachten, ist es nötig, einen Blick über den Zaun Israels zu werfen. Denn die Weisheit Israels hat manches von der Weisheit anderer Völker aufgenommen.

Israels weise Nachbarn

Die Weisheit der Hebräischen Bibel, unseres Alten Testaments, ist gleichsam durch ein unterirdisches Geflecht mit den Quellen der Weisheit des Alten Orients verbunden. Die Bibel selbst erwähnt die Weisheit der »Söhne des Ostens« und die »Weisheit der Ägypter« (1.Kön 5,10; Jes 19,12), »die Weisen Babels« (Jer 50,35; 51,57), die weisen Phönizierstädte Tyros und Sidon (Sach 9,2) und die »Weisen Edoms« (Obd 8). Wir werden uns also die Weisen Israels nicht als große, einsame Denker vorzustellen haben, sondern eher als Angehörige einer bestimmten »Bildungsschicht«, die es im gesamten Alten Orient gab. Wenn in den nächsten Abschnitten die biblischen Bücher benannt und kurz dargestellt werden, die zur Weisheitsliteratur gehören, für uns also Quellen der biblischen Weisheit sind, dann sollten wir uns immer daran erinnern, daß mit diesen nur ein kleiner Ausschnitt aus dem Gesamtreservoir der orientalischen Weisheit in den Blick kommt.

So kennen wir aus Ägypten eine Reihe von Weisheitsschriften wie die Lehre des Amenemope (1100 v. Chr.) oder die aus dem gleichen Zeitraum stammende Lehre des Ani. In einer Zeit, in der uns Israel erstmalig als eigenständige Größe in einem außerbiblischen Text, der Merneptah-Stele (1230 v. Chr.), begegnet, konnte die ägyptische Weisheit bereits auf eine weit über tausend Jahre alte Tradition zurückblicken, wenn man an die Weisheitslehren der Pharaonen Merikare (ca. 2200–2100 v. Chr.) und Ptahhotep (ca. 2500 v. Chr.) denkt.

Auch im Zweistromland gab es schon lange vor der möglichen Entstehung biblischer Weisheitsbücher eine beachtliche Vielfalt an weisheitlicher Literatur. Man denke etwa an den – wegen seiner gedanklichen Nähe zum Prediger Salomo (Kohelet) so genannten – »Babylonischen Kohelet« (1500 v. Chr.) oder den dem Hiobbuch verwandten und um vieles älteren »Sumerischen Hiob« (1700 v. Chr.). Erwähnen ließen sich auch die Sprüche Achikars (um 680 v. Chr.) oder die Lehre des Šurrupak (18./17. Jh. v. Chr.).

Mit Ägypten und dem Zweistromland sind nur die beiden wichtigsten Zentren der außerbiblischen Weisheitsschulen des alten Orients benannt. Über die Vermittlung der kanaanäischen Stadtstaatenkulturen und der wichtigen städtischen Zentren Syriens, wie zum Beispiel Ugarits, wird das spätere Israel – soweit es nicht direkten Kontakt zu den beiden großen Zentren der orientalischen Weisen hatte – die Weisheitslehren seiner nahen und fernen Nachbarn kennengelernt haben. Eine ausführlichere Darstellung der nichtbiblischen Weisheitsschriften würde den Rahmen dieses Büchleins sprengen. Wenn es erforderlich scheint, wird auch in den folgenden Kapiteln auf sie verwiesen. Dieser kleine Exkurs war aber deswegen nötig, weil er uns daran erinnern sollte, daß die Weisheit Israels eine erst relativ späte Frucht am »Baum der Erkenntnis« der Weisen des alten Orients darstellt. Die Weisen Israels schöpften ihr Wissen nicht allein aus sich und aus ihrer Erfahrung. Eine ihrer Quellen war immer wieder die Weisheit ihrer Nachbarn. Von ihnen lernten sie und ließen sich inspirieren:

> »Geselle dich nicht zu dem Heißen (Hitzkopf)
> und mach dich nicht heran an ihn zum Gespräch.«
>
> (*H. Greßmann*, Texte, S. 41)

Erinnert dieses Wort aus der ägyptischen Weisheit nicht an Spr 22,24

> »Mit den Zornmütigen habe keine Gemeinschaft,
> und gehe nicht um mit dem Hitzkopf.«?

Sicherlich läßt sich die inhaltliche Nähe dieser beiden Mahnsprüche auf verschiedene Weise erklären. Es zwingt uns nichts dazu, an eine direkte literarische Abhängigkeit zu denken, wonach etwa der Verfasser von Spr 22,24 den Spruch aus der Lehre des Amenemope als Vorlage benutzt hätte. Schließlich liegt der Mahnung die allgemeinmenschliche Erfahrung zugrunde, daß der Umgang mit Jähzornigen und Hitzköpfen nichts als Ärger einbringt. Dies ist unabhängig von Zeit und Kulturkreis erfahrbar. Wenn wir aber beachten, daß die alttestamentliche Forschung nicht allein zwischen diesen beiden Sprüchen eine Verwandtschaft festgestellt hat, sondern die gesamte Spruchsammlung Spr 22,17–24,22 Bezüge zur Lehre des Amenemope aufweist, dann dürfte die mögliche Abhängigkeit nicht so einfach von der Hand zu weisen sein. Vielleicht gehen beide Spruchsammlungen auf eine ältere gemeinsame ägyptische Vorlage zurück. Das dürfte die Ähnlichkeiten und die Differenzen am ehesten erklären.

Damit ist nur ein Beispiel für die vielfachen Berührungspunkte zwischen altorientalischer und biblischer Weisheit benannt, die uns vor allem im Buch der Sprüche Salomos, im Buch des Predigers Salomo (Kohelet) und im Hiobbuch begegnet.

Die Sprüche Salomos

Das Sprüchebuch läßt bereits in seinen ersten beiden Worten des hebräischen Urtextes erkennen, um welche Art Literatur es sich bei ihm handelt. In ihnen herrscht die literarische Form des *maschal* (= Spruch) vor. Und weil nicht jedermann, der Sprüche klopft, bei seinen Hörern offene Ohren findet, wird hier sogleich auf den Adel ihrer Herkunft hingewiesen. Es sind die Sprüche Salomos, des Sohnes Davids, des Königs von Israel (Spr 1,1). Der aufmerksame Leser wird allerdings bald entdecken, daß keineswegs alle Sprüche den weisen Salomo zum Vater haben. Dieser mag zwar ein großer Dichterkönig gewesen sein (1.Kön 5,12–14), aber in dem Sprüchebuch, das seinen Namen trägt, begegnen uns auch Worte von namentlich nicht mehr bekannten Weisen (22,17–24,22. 23–34) oder Sprüche

Salomos (?), die von den Männern Hiskijas, des Königs von Juda, zusammengestellt wurden (Spr 25–29). Wenn wir dabei bedenken, daß Hiskija (725–697 v. Chr.) gut zweihundert Jahre nach Salomo (965–926 v. Chr.) König in Jerusalem war, dann dürfte es schon aus diesem Grund fraglich sein, ob wirklich alle Sprüche dieser fünf Kapitel der salomonischen Weisheit entsprungen sind. Schließlich finden sich auch kleinere Sammlungen, die ausdrücklich auf einen anderen Weisen als Salomo zurückgeführt werden. So die »Worte Agurs, des Sohnes Jakes, aus Massa« (Spr 30,1–14) oder die »Worte Lemuels, des Königs von Massa, womit ihn seine Mutter ermahnte« (Spr 31,1–9).

Bereits diese ersten Hinweise lassen erkennen, daß das Sprüchebuch keineswegs vollständig aus der Feder des Königs Salomo stammt beziehungsweise von seinen Schreibern und Hofchronisten zusammengestellt worden ist. Wir müssen vielmehr damit rechnen, daß die Weisheit vieler Generationen und Personen in ihm erhalten geblieben ist. Es stellt die Vereinigung mehrerer Spruchsammlungen dar:

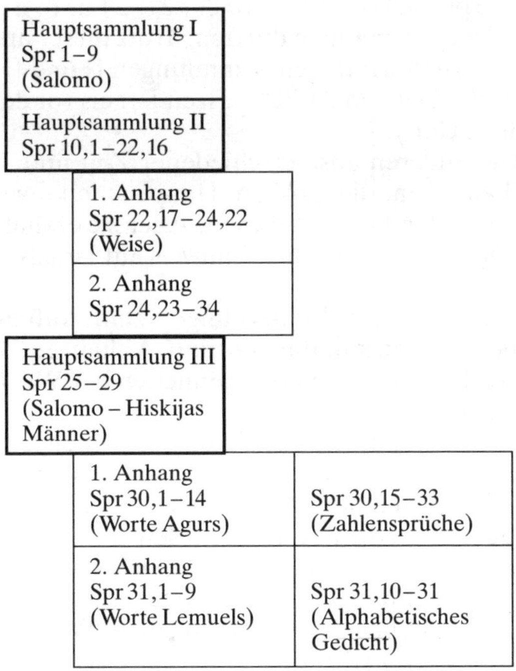

Schon der Form nach unterscheidet sich Hauptsammlung I (Spr 1 bis 9) auffällig von den anderen Sammlungen und Anhängen. Sie enthält eine ganze Reihe längerer Lehrreden und Lehrgedichte (Spr 2,1–22; 3,1–12. 21–35; 4; 5,1–23; 6,20–35; 7,1–27; 8; 9). Sprachlich und inhaltlich sprechen viele Indizien dafür, daß dies die jüngste Sammlung des Buches ist. Sie wurde wohl in frühnachexilischer Zeit (6./5. Jh. v. Chr.) dem Sprüchebuch wie ein Portal vorangestellt. Damit nimmt sie für sich allenfalls die Autorität Salomos in Anspruch, kann diesen aber nicht als Urheber haben.

Das mag bei den Hauptsammlungen II (10,1–22,16) und III (25 bis 29) zunächst anders scheinen. In ihnen blieb ältestes Spruchgut Israels erhalten. Dieses kann sicherlich nicht insgesamt, wohl aber in dem einen oder anderen Falle dem poetischen Können des weisen Salomo zu danken sein. Jedoch fehlt uns jede Möglichkeit, einen Spruch wirklich als authentisches »Salomo-Wort« zu erweisen. Dagegen wissen wir, daß eine ganze Reihe von Sprüchen auch dieser Sammlungen aus späterer Zeit stammt. So etwa diejenigen, in welchen uns die Antipoden des »Gerechten« und des »Frevlers« begegnen (Spr 10,3. 6. 7. 11. 16. 20. 21. 24 u. ö.), die der nachexilischen Weisheit entstammen dürften. Trotz dieser und anderer späterer Zusätze lernen wir in den Sammlungen II und III am ehesten das weisheitliche Denken der Königszeit Israels vor dem Exil kennen (10. bis 7. Jh. v. Chr.).

Die anderen aus verschiedener Zeit und Tradition stammenden Anhänge an die großen Hauptsammlungen unterscheiden sich schon im Umfang von diesen. Auch sie enthalten durchaus altes Gut und lassen uns manchen Hinweis auf Israels weise Nachbarn erkennen.

Diese wenigen Bemerkungen zum Aufbau des Sprüchebuches, seinen Hauptsammlungen und Anhängen, haben uns bereits auf einige Phänomene und Eigenheiten der Weisheitsliteratur aufmerksam gemacht:

– Die in einem Weisheitsbuch zusammengefaßten Sprüche, Reden und Gedichte haben mehrere Stadien ihrer Entstehung und Überlieferung durchlaufen. Am Anfang stand häufig der Einzelspruch, die Rede, das Gedicht. Diese wurden von ihren Autoren oder späteren Sammlern unter bestimmten Gesichtspunkten geordnet und zu kleineren Sammlungen zusammengefaßt. Die Untersammlung fand dann schließlich Aufnahme in einem Weisheitsbuch, das sein Material noch einmal ordnete, teilweise neu formte und umgestaltete, mit einer Überschrift versah (Spr 1,1–7) und durch deutende Zusätze vereinte. Der Werdegang des Sprüchebuches ist also in der Reihenfolge Spruch (Rede, Gedicht) → Untersammlung → Buch zu denken.

Bereits dieser Weg der Entstehung eines Weisheitsbuches legt es nahe, in ihm Material aus unterschiedlicher Zeit zu suchen. Deswegen muß unterschieden werden zwischen der möglichen Datierung eines Spruches, einer Sammlung und des ganzen Buches. Damit wird gleichzeitig verständlich, warum wir im Sprüchebuch die gesammelte Weisheit eines halben Jahrtausends (10.–5. Jh. v. Chr.) vereinigt finden oder wenigstens Stimmen und Voten aus ihr.

Sowohl die für die Untersammlungen (Spr 1,1; 10,1; 25,1) wie auch die für das gesamte Sprüchebuch verantwortlichen Weisen hatten offensichtlich ein Interesse daran, ihre Arbeit in der Tradition des weisen Königs Salomo zu sehen. Und auch der letzte Anhang (Spr 31,1) läßt die Weisheitspflege als königliches Anliegen erscheinen. Schließlich wissen wir aus Spr 25,1, daß weise Männer noch lange nach Salomos Tod am Jerusalemer Hof eine Heimstätte hatten.

Hatten die Weisen lediglich ein Interesse daran, königliche Autorität für sich in Anspruch zu nehmen? Stellten sie ihre Weisheit in den Schatten der Weisheit des Königs, um aufmerksamere und autoritätsgläubigere Hörer zu erreichen? Sicherlich mögen auch solche Überlegungen eine Rolle gespielt haben. Dafür spricht auch die Zahl der in Sammlung II (Spr 10,1–22,16) enthaltenen Sprüche. Es sind 375! Das ist exakt der Zahlenwert des Namens Salomo. Da die alten Israeliten keine Zeichen für Ziffern kannten, sondern den Buchstaben des hebräischen Konsonantenalphabets (Vokale wurden nicht mitgeschrieben!) einen bestimmten Zahlenwert beilegten, ergibt sich diese Summe durch die Addition der vier hebräischen Konsonanten, die den Namen Salomo bilden:

$$\check{S}^{(e)} \quad L^{(o)} \quad M^{(o)} \quad H$$
$$300 + 30 + 40 + 5 = 375$$

Bis hinein in solch ein Detail haben sich die Sammler und Redakteure der Tradition der Weisheit Salomos verbunden gefühlt. Ist diese enge Verknüpfung zwischen der Betätigung der Weisen und des Königs von weiterreichender Bedeutung? Kündigt sich damit bereits ein sozialer Ort an, an dem die Weisen mit ihrer Weisheit zu Hause waren?

Die bisher gewonnenen Einsichten und Fragen müssen bei der kurzen Darstellung der anderen biblischen Weisheitsbücher im Auge behalten werden.

Der Prediger Salomo (Kohelet)

Das zweite Buch, das in unseren deutschen Bibeln mit dem Namen Salomos verbunden ist, ist das des »Predigers Salomo«. Allerdings taucht der Name Salomo im Titel des Buches direkt nicht auf:

> »Worte Kohelets, des Sohnes Davids, des Königs in Jerusalem.« (Koh 1,1)

Der Weisheitslehrer, dem wir diese verdanken, heißt Kohelet. Deswegen trägt das Buch in vielen Übersetzungen und Bibelausgaben auch diesen Namen. Dieser ist aber wohl kein Eigenname, sondern eine Funktionsbezeichnung. Kohelet ist abgeleitet von dem hebräischen Verb *qahal* (= versammeln). Er war vielleicht eine Art Versammler oder Gemeindeleiter. Welche Person sich hinter dieser Funktion verbarg, das wissen wir nicht mehr. Ein Hörer- oder Schülerkreis sprach wohl einfach vom Gemeindeleiter, so wie wir heute vom Pfarrer oder Bürgermeister eines Ortes reden, ohne seinen Namen immer gleich mit zu nennen. Lediglich am Ende des Büchleins wird über diesen Gemeindeleiter berichtet:

> »Kohelet war nicht nur selbst ein Weiser, er lehrte auch das Volk Erkenntnis. Er wog ab, untersuchte und formte viele Lehrsprüche. Kohelet strebte, gefällige Worte zu finden und Worte der Wahrheit redlich aufzuschreiben.« (Koh 12,9f.)

Wenn Kohelet ein Gemeindeleiter war, dann war Leitung für ihn wesentlich mit Lehre verbunden. Er war nicht der Privatgelehrte, sondern der mit öffentlicher Autorität ausgestattete Volkslehrer.

Erst später wurde dieser weise Volkslehrer zum Davidsohn, ja zum König von Jerusalem gemacht, womit natürlich kein anderer als Salomo gemeint sein konnte. Auch Salomo galt ja im Volk als Prototyp eines Weisen. Auch er nahm mitunter die Funktion eines Versammlungsleiters wahr (1.Kön 8,1). Der Anstoß zu dieser Identifikation Kohelets mit Salomo ging sicherlich von der Königstravestie (Koh 1,12–2,26) aus. In ihr schlüpft Kohelet in Gedanken in die Kleider eines Königs, um im Durchspielen dieser Rolle zu erkunden, ob sein Leben dadurch einen unverlierbaren Zuwachs an Macht, Prestige und Reichtum erlangt. Dieses Gedankenexperiment – Was wäre, wenn ich König wäre? – hat spätere Herausgeber des Buches wohl dazu bewogen, ihn zum König Salomo zu erklären. Und das war gut so! Denn wenn sie es nicht getan hätten, dann wäre uns wahrscheinlich dieses ungewöhnlich anregende und erregende Zeugnis biblischer Weisheitsliteratur verlorengegangen. Unter den weisen Rabbinen wurde lange darüber debattiert, ob dieses zuweilen an Grenzen des Glaubens und Verstehens rüttelnde Büchlein Aufnahme im Kanon biblischer Schriften finden könne. Im Babylonischen Talmud blieb uns ein Ausschnitt aus diesen Debatten erhalten: »Die Weisen wollten das Buch Kohelet verstecken, weil seine Worte einander widersprechen, und sie haben es nur deshalb nicht versteckt, weil es mit Worten der Tora beginnt und mit Worten der Tora endet« (Schabbat 30b). Hier ist es vor allem ein theologisches Argument, das den Verbleib des Buches im Bibelkanon rettet: Anfang und Ende sind toragemäß, sie entsprechen der in erster Linie in den fünf Büchern Mose verbindlich festgelegten Weisung Gottes! Neben solchen theologischen Argumenten war es aber wohl auch der Name Salomos, der es rettete. Eine Schrift, die auf solch eine Autorität zurückgeführt werden konnte, galt als schwer eliminierbar. Allerdings wurde gerade diese Verfasserschaft noch Jahrhunderte nach der Entstehung des Buches angezweifelt. So gibt es in der talmudischen Tradition Stimmen, die es auch von Hiskija und seinen Männern herleiten möchten (Baba Batra 15a). Damit wurde es auch denselben Kreisen zugeschrieben, denen wir die Hauptsammlung III des Sprüchebuches verdanken.

Sprachliche und inhaltliche Beobachtungen haben die alttestamentliche Wissenschaft zu der Überzeugung geführt, daß die Schrift kaum vor dem 3. Jahrhundert v. Chr. entstanden sein dürfte. Die persischen und vor allem aramäischen Lehnwörter deuten auf ein spätes Hebräisch hin, wie es auch in nachbiblischer Zeit gesprochen wurde. Entscheidend aber ist seine geistige Nähe zum Gedankengut des Hellenismus und seiner Popularphilosophie, die diese späte Entstehungszeit nach der Eroberung Palästinas durch Alexander den Großen (333–331 v. Chr.) und die damit verbundene zunehmende Hellenisierung nahelegt.

Die Gestalt dieser Schrift unterscheidet sich erheblich vom Buch der Sprüche Salomos. Es besteht nicht aus mehreren Untersammlungen, sondern stammt im wesentlichen aus einer Hand. Lediglich die Herausgeber haben es mit einem »Titel« (1,1) und zwei kurzen Nachträgen (12,9–11.12–14) versehen. Vielleicht muß man außerdem mit dem einen oder anderen redaktionellen Zusatz aus späterer Zeit rechnen.

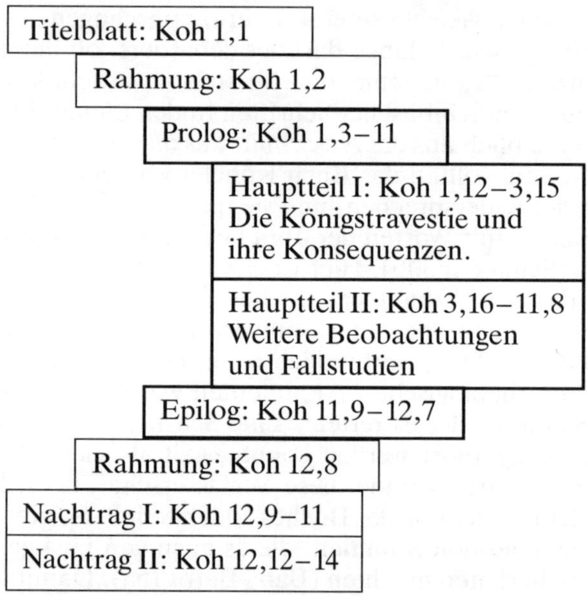

Auch in den Sprachformen läßt sich das Buch Kohelet mit dem Sprüchebuch kaum vergleichen. Es herrscht nicht der Einzelspruch vor, obgleich auch der zu finden ist (z.B. 7,1–9), sondern das Lehrgedicht (1,3–11; 3,1–9; 12,1–7), die erzählende Prosa (1,12–2,26), der Erfahrungsbericht (3,16ff.; 4,1ff; 7,25ff.; 9,11f. 13ff.), die Fallstudie (4,13–16). Das Buch läßt eine Zusammenfassung von Sprüchen, Gedichten und Berichten zu Themenkomplexen erkennen, auch eine bewußte Komposition (1,2; 12,8). Es ist aber bis heute noch nicht gelungen, das Kompositionsprinzip durchgängig zu erkennen und überzeugend darzustellen. Das sollte uns daran erinnern, wie schwer es letztlich ist, sich in die literarische Arbeit der Weisen Israels einzufühlen, ihre Arbeitstechniken, Motive und Absichten aufzuspüren.

Deutlich wird aber auch in diesem Falle, daß die Schrift einen längeren Werdegang hinter sich hat, an dessen Anfang kleinere Einheiten standen. Ob diese noch von dem uns namentlich nicht bekannten Kohelet selbst zu einem Ganzen zusammengestellt wurden (1,2–12,8), oder erst von einem späteren Schülerkreis, der in den Herausgebernotizen greifbar wird (1,1; 12,9–14), ist eine schwer zu entscheidende Frage.

Wichtig ist wieder das soziale Milieu, in dem man Kohelet wirksam glaubte oder wenigstens wirken ließ. Die angedeutete Nähe zum salomonischen Königtum, die Selbstdarstellung als König deuten an, daß die Weisheitslehre in diesen Kreisen intensiv gepflegt wurde. Auch Koh 12,9 weist in diese Richtung. Da es im 3. Jh. v. Chr. kein eigenständiges israelitisches Königtum mehr gab, Israel unter ptolemäischer Herrschaft stand, werden wir den Weisheitslehrer Kohelet und seine Schüler nicht in der Nähe eines Königshofes zu suchen haben. Die Zugehörigkeit zu einer aristokratischen, wohlhabenden Oberschicht ist aber denkbar (vgl. 5,9–6,3; 7,11 f.; 9,7 ff.) oder wenigstens als Erinnerung an vergangene bessere Zeiten noch lebendig (10,4–7; 7,10).

Hiob

Das Buch Hiob ist die dritte biblische Weisheitsschrift. Selbst unkritischen Lesern fällt auf, daß das Hiobbuch eine Komposition aus sehr verschiedenen literarischen Teilen darstellt. Die Analyse geht von einer Beobachtung und Unterscheidung der literarischen Formen aus. Das Buch besteht aus einem Erzählteil in Kunstprosa und einem sehr umfangreichen poetischen Dialogteil.

Die sogenannte Rahmenerzählung, die den Redeteil einschließt, liegt in Hiob 1,1–2,10 und 42,10–17 vor. Diese Rahmenerzählung berichtet von einem frommen Mann, der wohlhabend und rechtschaffen lebte. Infolge eines – ihm nicht zugänglichen – Beschlusses im himmlischen Thronrat, der das Ergebnis einer Diskussion zwischen Gott und dem Satan war, willigt Gott ein, Hiobs Frömmigkeit auf die Probe zu stellen. So wird ihm Zug um Zug sein gesamtes früheres Glück genommen, sein Besitz, die Kinder und schließlich die eigene Gesundheit. In all diesen Prüfungen kündigt Hiob seinem Gott nicht die Treue auf, sondern bekennt:

> »Wenn wir das Gute von Gott annehmen,
> warum nicht auch das Böse?« (Hiob 2,10)

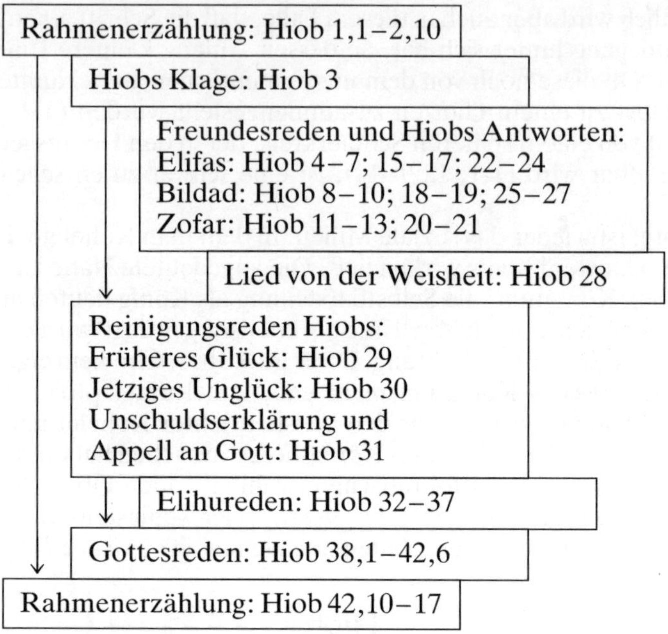

Daraufhin wendet Gott das Schicksal des Hiob (42,10 ff.), der seine Probe vollauf bestanden hat, und gibt ihm das Doppelte von dem wieder, was er besaß. Er darf noch einmal sieben Söhne und drei hübsche Töchter schauen (Jemima = Täubchen, Kezia = Zimtblüte, Keren-Hapuach = Schminkkästchen, Hiob 42,14), bevor er alt und lebenssatt stirbt. Soweit in kurzen Zügen die Rahmenerzählung.

In diese eingeschlossen ist nun ein umfangreicher Dialog- und Redenteil, in dem uns ein ganz anderer Hiob begegnet. Keiner, der sein Leiden widerspruchslos aus Gottes Hand nimmt, sondern einer, der sich gegen sein Schicksal auflehnt, der es nicht akzeptieren kann, da ihm jeglicher Grund dafür verborgen bleibt. Der Redeteil wird durch die Klage Hiobs und die Verfluchung des Tages seiner Geburt eröffnet (Hiob 3). In engem Zusammenhang damit haben wir wahrscheinlich die Reinigungsreden zu lesen (Hiob 29–31). Nach der breiten Darstellung seines ehemals glücklichen Lebens (Hiob 29) folgt eine ergreifende Elendsmeditation (Hiob 30), die die Wende in Hiobs Geschick markiert. Dem schließt sich eine Unschuldserklärung des Leidenden an, in der er wichtige Lebensbereiche seines Daseins abschreitet, die ihm zur Versuchung hätten werden können. In der festen Überzeugung, allen Versuchungen mannhaft widerstanden zu haben, appelliert er an Gott, ihm Rede und Antwort zu stehen (Hiob 31). Diese Antwort, die aber ganz anders ausfällt, als Hiob sie erwartet hatte und vorwiegend aus Fragen besteht, ergeht dann in den berühmten Gottesreden (Hiob 38,1 bis 42,6).

Zwischen diesen drei Blöcken stehen die Reden der Freunde. Zunächst sind da die drei Redegänge mit Elifas, Bildad und Zofar (Hiob 4–27). Nach Hiob 2,11–13 hatten diese von seinem Unglück erfahren, Hiob besucht und sieben Tage schweigend bei ihm ausgeharrt. Danach beginnen die Gespräche, in welchen die Freunde Hiob trösten und zu der Einsicht bewegen möchten, daß noch kein Unschuldiger oder Gerechter umgekommen sei (Hiob 4,7). Wissentlich oder unwissentlich muß also auch Hiob Schuld auf sich geladen haben (Hiob 15,5f.; 22,5–10). Er soll sich deshalb an Gott wenden (Hiob 8,5; 22,23–30), seinen Frevel abtun (Hiob 11,13f.), dann würde Gott seinerseits auch ihn wieder aufrichten (Hiob 11,16–19). Hiobs Freunde vertreten hier die üblichen Positionen der weitverbreiteten Lebensweisheit.

Von diesen Freundesreden heben sich die des Elihu (Hiob 32–37) ab, die wohl von einem späteren Verfasser stammen. Sie unterscheiden sich weniger in der zwar variierten Grundüberzeugung seiner Vorgänger als in der Art und Weise des Eingehens auf Hiobs Geschick.

Ein Text ganz eigener Art und wohl einer der jüngsten Einschübe ist das Lied von der verborgenen Weisheit (Hiob 28), die dem Menschen letztlich entzogen bleibt. Soll damit angedeutet werden, daß auch die Fragen nach Hiobs Leid unserer menschlichen Einsicht und Weisheit verschlossen bleiben?

Bereits die hier nur in ihren auffälligsten Strukturen dargestellte Komposition des Buches läßt auf einen längeren Werdegang schließen, dessen Rekonstruktion der alttestamentlichen Wissenschaft bis heute viele Probleme aufgibt. In welchem Verhältnis etwa steht die Rahmenerzählung zum Dialogteil? Von wem stammen die Reden des Elihu, der ja am Anfang des Buches (Hiob 2,11) und auch am Ende (Hiob 42,7–9) keine Erwähnung findet?

Sprachliche Indizien (viele aramäische Lehnwörter) und inhaltliche Aspekte (die aus der persischen Religion bekannte Satansvorstellung) weisen in eine nachexilische Entstehungszeit des Buches (5. Jh. v. Chr.), wobei ältere Vorlagen nicht auszuschließen sind.

Über den beziehungsweise die Verfasser des Buches erfahren wir nichts. Da aber die Freunde Hiobs ganz im Gewand von Weisheitslehrern gezeichnet werden (Hiob 11,5ff.; 12,2.12;15,2ff.; 20,3; 22,2; 26,3; 32,6ff.), ihr Sprachschatz und ihre Themen immer wieder enge Berührungen zu den anderen Weisheitsschriften aufweisen, wird man nicht fehlgehen, die Verfasser des Hiobbuches unter den nachexilischen Weisen zu suchen. Ihr Haupt-»Held«, Hiob, ist eine Person aus der wohlhabenden Oberschicht. Das geht aus der Rahmenerzählung (Hiob 1,3), aber auch aus dem Redeteil hervor (Hiob 31,13.16f.19f.24f.31f.38f.). Und vergleicht man Koh 2,9 und Hiob 1,3 miteinander, die – im Zusammenhang mit dem Besitz Hiobs und Kohelets – die unvergleichliche Stellung beider betonen, dann drängt sich die Frage auf: Warum hatten die Weisen im nachexilischen Israel so viel Interesse am Geschick wohlhabender Personen? Ist das ein Zufall? Oder drückt sich darin indirekt auch ihr eigener sozialer Standort aus?

Damit sind die wichtigsten Zeugnisse der biblischen Weisheit benannt. Es kann aber nicht unerwähnt bleiben, daß wir den Weisen Israels und ihrem Denken nicht nur in den uns jetzt bekannten Weisheitsbüchern begegnen. Es wäre vielmehr sehr verwunderlich, wenn nicht auch in anderen biblischen Schriften noch Spuren der Weisen und ihrer Weisheit zu finden wären.

So ist schon häufig darauf verwiesen worden, daß die Josefserzählung (1.Mose 37; 39–50) von weisheitlichem Geist durchzogen sei. Sie schildert das Schicksal eines jungen Mannes in der Fremde, der durch Klugheit, Besonnenheit und Gottesfurcht zu höchsten Ehren gelangt. Auch die Geschichte von der Thronnachfolge Davids (2.Sam 9–1.Kön 2) ist von der Feder der Weisen mitgestaltet worden. Sie liest sich teilweise wie ein narrativer Kommentar zu einzelnen Sentenzen des Buches der Sprüche und Kohelets. Weiter werden einige Propheten wie Amos und Jesaja in der Nähe weisheitlichen Denkens angesiedelt. Und schließlich gelten einige Psalmen geradezu als Weisheitslieder (Ps 37; 49; 73; 90; 139 u. a.).

Die wenigen Beispiele stehen am Schluß dieses Abschnittes, um anzudeuten, daß die Quellen der biblischen Weisheit nicht nur dort fließen, wo sie vorrangig ihren literarischen Niederschlag gefunden haben, im Sprüchebuch, bei Hiob und Kohelet. Die Weisheitslehre war kein isoliertes Phänomen in Israel. Sie war nicht die elitäre Beschäftigung einer Handvoll von Gebildeten. Vielmehr wirkte sie hinein in alle Lebensbereiche. Sie war Lebensweisheit für jedermann. Davon kann aber erst die Rede sein, wenn wir auf die Frage nach den Trägern der Weisheit eingehen.

Frühjüdische Weisheitsschriften

Mit den Weisheitsbüchern der Bibel ist die Weisheitsliteratur Israels noch lange nicht erschöpft. Aus der sogenannten zwischentestamentlichen Zeit sind uns noch eine Reihe anderer apokrypher Weisheitsschriften bekannt.

Da ist vor allem das ganz in der Tradition der alttestamentlichen Weisheit stehende Buch Jesus Sirach (ca. 190 v. Chr.) und das Buch der Weisheit Salomos, das in griechischer Sprache wahrscheinlich im 1. Jahrhundert v. Chr. in Alexandria verfaßt wurde. Wie das Sprüchebuch und das Buch Kohelet ist auch dieses Buch als Pseudepigraph (unter falschem Namen) dem König Salomo zugeschrieben worden. Beide Bücher fanden Aufnahme in die griechische (Septuaginta) und lateinische (Vulgata) Übersetzung des Alten Testaments. Da nach der Trennung der frühen Christenheit von der Synagoge die Septuaginta, also die griechische Übertragung und nicht die hebräischen Schriften im Original, zum »Alten Testament« der Kirche wurde, gehören die Bücher Jesus Sirach und Weisheit Salomos in den orthodoxen und in der römisch-katholischen Kirche bis heute zum Kanon der verbindlichen biblischen Schriften. Erst durch *Martin Luther*, der wieder auf den auch in der Synagoge gebräuchlichen Kanon der Hebräischen Bibel zurückging, wurden diese beiden Weisheitsbücher in einen nichtkanonischen Anhang der protestantischen Bibel verwiesen. Allerdings war *Luther* der Auffassung: »Apocrypha. Das sind Bücher: so nicht der heiligen Schrifft gleich gehalten: und doch nützlich und gut zu lesen sind« (so die Überschrift über die Apokryphen in der Bibelausgabe von 1534).

Keinen Eingang in die biblischen und apokryphen Weisheitsschriften fanden die »Sprüche der Väter« (Pirqe Abot). Sie sind uns als Talmudtraktat erhalten geblieben und legen ein hervorragendes Zeugnis davon ab, wie lebendig die Pflege der Weisheit in Israel auch in nachbiblischer Zeit geblieben ist. Wer sich auf die Suche nach der Weisheit der Bibel begibt, der tut gut daran, nicht nur einen Blick auf die Weisheit der Nachbarn Israels im Alten Orient zu werfen, sondern auch ihr Nachleben und Weiterleben im frühen Judentum zu beachten:

»Somas Sohn sagt: Wer ist ein Weiser?
Der von jedem Menschen lernt, denn es heißt:
›Von allen, die mich lehren, gewinne ich Weisheit.‹«

(Abot IV,1)

Kapitel III

Die Sprache der Weisheit

Nach Kohelets Schülern kam es den Weisen nicht allein darauf an, was sie sagten, auf ihre Lehre, sondern auch wie sie es sagten, auf die rhetorische und poetische Gestaltung ihrer Aussagen. Kohelet – so ein Herausgeber! – suchte gefällige Worte und Worte der Wahrheit (Koh 12,10). Das war ein anspruchsvolles und sicherlich auch abgründiges Unternehmen, denn oft schon blieb die Wahrheit bei dem Bemühen um Gefälligkeit auf der Strecke. In diesem Bemühen wird aber ein Bewußtsein von Sprache erkennbar, das diese nicht ausschließlich zum Informationsmittel degradiert. Sprache hatte hier nicht allein die Funktion der Verständigung, sondern zielte auf ein tieferes Einverständnis zwischen Sprecher und Hörer. Sie wurde in ihrem emotionalen Gehalt ernst genommen.

Die Sprache hat eine leibliche Qualität. Sie ist nicht allein die Summe von akustischen Signalen, an denen eine bestimmte Bedeutung haftet, sondern gesättigt mit Lauten und Lautverbindungen, die einen Wohlklang oder einen Mißklang erzeugen können, Harmonien und Dissonanzen. Durch sie werden Wort- und Sprachmelodien aufgebaut. Wer diese »Musik der Sprache« in die Gestalt seines Redens mit einbezieht, der wird mehr als bisher die Erfahrung machen, daß die Sprache nicht nur kognitive, verstandesmäßige Informationen von einem Sender (Redner) zu einem Empfänger (Hörer) transportieren kann. Sie überträgt auch emotionale Eindrücke und Wahrnehmungen, Stimmungen des Wohlbefindens und des Unwohlseins. Im gesprochenen Wort kann das, was zwischen den Zeilen steht und nicht druckbar ist, wieder hörbar werden. Es läßt sich unendlich schwer in Schrift umsetzen und ist doch ständig mitgemeint.

Wir haben diese Dimension der Sprache heute weitgehend an den Bereich der Kunst delegiert, an das Theater, die Poesie und alle Arten der Wortkunst. Selbstverständlich funktioniert sie auch noch in anderen Lebensbereichen, im Geflüster der Liebenden, im Brabbeln zwischen Mutter und Säugling, im Gepolter einer Standpauke. Aber wir setzen sie kaum noch bewußt ein, wenn es darum geht,

Lebenserfahrungen, Erkenntnisse oder schlicht Wissenswertes weiterzugeben. Und genau darauf achteten die Weisen. Sie fühlten sich nicht allein dem Bereich der Wortkunst verpflichtet. Sie waren in allen Lebensbereichen um eine Beziehungssprache bemüht, eine Sprache, die nicht allein Wissen und Erfahrung vermitteln will, sondern gleichzeitig auch etwas von der Beziehung aufleuchten läßt, die der Weise zu seinem Wissen hatte.

Nach dieser Bemerkung läßt sich die Herausgebernotiz der Schüler Kohelets über die »gefälligen« Worte ihres Lehrers recht verstehen: In ihr geht es nicht um die triviale Erkenntnis, daß eben der Ton die Musik mache, obwohl Kohelet auch darum wußte (Koh 9,17). Seine Bemühungen um gefällige Worte hatten einen tieferen Grund. Ihm war die Sprache ein Spiegel seiner Beziehung zur Welt und zum Leben.

Schreiben und Sprechen, das war für die Weisen demnach nicht allein eine Frage der Ästhetik, sondern auch der Ethik. Auch das machten die Schüler Kohelets deutlich mit den »redlich aufgeschriebenen Worten der Wahrheit«. Die Weisen suchten also nach Worten und Sprachformen, in denen die Gestalt und die Aufrichtigkeit und Wahrheit des Gesagten eine Einheit bildeten. Nur in dieser Verschmelzung von Gestalt und Gehalt, Ästhetik und Ethik des Redens können die »wahren« Worte zu »bewährten« Worten werden, zu Worten, die Leben wahrnehmen und gestalten. Wie sehr das Reden auf ein Tun zielt, das sich bewähren möge (Spr 4,4.20–22; 13,3; 21,23.28; 22,17ff.; 31,8f.), beziehungsweise unbedachte und unverantwortliche Worte das Leben verfehlen (Spr 12,6.17.18; 14,23; 18,6; 19,7; 22,14), das haben die Weisen in immer neuen Variationen thematisiert. So erscheint es nur folgerichtig, wenn die Charakterisierung der Worte Kohelets mit einem vielleicht in seiner Zeit bekannten Sprichwort abschließt:

> »Die Worte der Weisen sind wie Stacheln und eingeschlagene Pflöcke.« (Koh 12,11)

Mit dem Stachel oder dem Ochsenstecken wird das Herdentier angetrieben und geführt. Kommt er zum Einsatz, geht es ohne Schmerz nicht ab. Aber man bleibt auch auf dem richtigen Weg. Eingeschlagene Pflöcke machen eine Sache fest und haltbar. Vergleichbares können die Worte der Weisen wirken. Sie sind Ansporn und Weggeleit.

> »Schlange
> Riesenschlange
> Groß-Schlange
> Riesenraupe
> Mutterleibschlange
> Seeschlange
> Schlange des Schlangengottes
> kleine Schlange
> Gürtelschlange
> große Gürtelschlange ...« (*H. H. Schmid*, Weisheit, S. 224).

Woher stammt diese Sammlung aus dem Schlangenkabinett? Die Liste ist in einem der ältesten Tierlexika der Menschheit aufgezeichnet. Sie steht auf der 14. Tafel einer sumerischen Serie von Listen, die unterschiedliche Tiergattungen und ihre Unterarten verzeichnet. Die Liste der Schlangen, von der hier nur der Anfang wiedergegeben wurde, umfaßt insgesamt 43 Arten. Es folgen Auerochse, Hund, Hyäne, Fuchs und Katze in ihren Arten. Neben solchen Tierlisten kennen wir Verzeichnisse der Körperteile des Menschen, geographische, astronomisch-kalendarische, kultische und technische, die Teile eines Schiffes benennende Listen.

Welche Funktion hatten diese Namenverzeichnisse (Onomastika)? Der Titel eines ägyptischen Onomastikons, des »Namenbuches des Amenope« (11. Jh. v. Chr.) verrät uns etwas davon:

> »Lehrbuch für die Kenntnis, für die Unterweisung der Unwissenden, für das Lernen aller Dinge, die es gibt, die Ptah geschaffen hat, die Thoth aufgeschrieben hat: den Himmel mit seinen Gestirnen, die Erde mit dem, was in ihr ist, was die Berge ausbrechen, was vom Wasser befeuchtet wird, alles worauf die Sonne scheint, alles was auf der Erde wächst – das sich ausgedacht hat der Schreiber des Gottesbuches im Lebenshause Amenope.« (*H. Grapow*, Handbuch I/2, S. 188f.).

Dem folgt eine Liste mit 610 Namen von Dingen, die bereits auf dem Titelblatt angedeutet werden.

Die Listen hatten einen didaktischen Zweck. Sie dienten als Lehrbücher. Doch erschöpfte sich ihre Funktion darin bei weitem nicht. Sie trugen auch zur Versprachlichung der Welt bei. Der Schüler sollte keineswegs nur lernen, was es alles gibt.

Abb. 2 Die Göttin Maat mit der hohen Feder als Kopfschmuck, dem Symbol der Richtigkeit, Gerechtigkeit und Wahrheit

Gleichzeitig mit der Wahrnehmung seiner Mit- und Umwelt lernte er die Dinge zu benennen, versah er sie mit einem Namen. Es galt also, die Welt auch über das Medium der Sprache zu erfassen, sie in ihrer Widerspiegelung kennenzulernen. In diesen so simpel scheinenden Listen ist ein komplizierter Lernprozeß verborgen. Ähnlich dem Kleinkind, das das Sprechen lernt und über dem Sprechen beginnt, seine Welt bewußt wahrzunehmen, wird in den Listen den Schülern die Welt vermittelt und entfaltet.

Weiterhin möchten die Listen neben der Versprachlichung der Welt eine Ordnung der Welt erkennbar machen. Die Vielfalt der unterschiedlichen, sich widersprechenden Eindrücke, die dem Menschen begegnen, werden geordnet, beziehungsweise es wird in ihnen eine bereits vorhandene, zuweilen aber verborgene Ordnung aufgedeckt. Das Ordnen der Welt, das im Unterscheiden und Verbinden von Zusammengehörigem besteht, ist möglich, weil in ihr bereits eine Ordnung besteht. Die alten Ägypter gaben dieser Weltordnung einen eigenen Namen: »Maat!« Die Maat gewährt die Ordnung von Natur und Gesellschaft. Sie galt als Tochter des Sonnengottes Re, der als Schöpfer verehrt wurde. Die Tochter des Re muß so »ordentlich« gewesen sein, daß man sie als das personifizierte, der Schöpfung eingestiftete Ordnungsprinzip verehrte.

Der Mensch, der in seinen Listen die Welt ordnete, tat damit nicht mehr und nicht weniger, als diesem Ordnungsprinzip zu entsprechen. Indem er es in der Schöpfung entdeckte und aufdeckte, paßte er sein eigenes Leben in diese Ordnung ein. Durch sein der Ordnung und der Schöpfung gemäßes Verhalten bewahrte er sein Leben und trug zur Erhaltung des natürlichen und sozialen Kosmos bei. Das Sichtbarmachen der Ordnung der Welt in den Listen, die zu den ältesten Zeugnissen der wissenschaftlichen

Betätigung des Menschen gerechnet werden dürfen, bedeutete danach weit mehr als nur das Erwachen der wissenschaftlichen Neugier, mehr als ein Greifen des autonomen menschlichen Geistes nach den Geheimnissen der Welt, mehr als den Beginn der Unterwerfung der Natur durch den Menschen, mehr als eine »Fixierung von Tatsächlichem« (*G. v. Rad*, Weisheit S. 153ff.) oder eine »Inventarisierung der Welt« (*H. H. Schmid*, Weisheit S. 97). Alle diese Momente mögen bei der Erstellung der Listen mit im Spiele gewesen sein. Von zentraler Bedeutung ist aber die das eigene Dasein sichernde und den Kosmos stabilisierende Funktion der Listenwissenschaft. Nicht Herrschaft über die natürlichen und die sozialen Ordnungen war ihr inneres Motiv, sondern Einpassung und Anpassung an diese vorgegebenen Ordnungen.

Und daß die Ordnungen von religiöser Qualität waren, wird im Vorwort der Liste des Amenemope deutlich. In ihr soll alles verzeichnet werden, was Ptah, der Schöpfergott aus Memphis, geschaffen hat und was Thoth, der Schreibergott und Gemahl der Maat, aufgeschrieben hat. Schöpfung – Ordnung – Verzeichnis der Ordnung, personifiziert in Ptah (Re) – Maat – Thoth, das galt als unauflösliche Verbindung. Das durch die Listen evocierte ordnungsgemäße Verhalten war immer auch ein schöpfungsgemäßes Leben.

Gibt es auch im Alten Testament Hinweise auf diese Form der Listenwissenschaft? Ein den mesopotamischen und ägyptischen Onomastika vergleichbares Onomastikon ist uns in der Bibel nicht erhalten geblieben. Aber die Spuren solcher Namenverzeichnisse, ihre Aufnahme und Umformung in andere literarische Zeugnisse ist noch greifbar. Man denke an die sogenannte Völkertafel (1.Mose 10), die in der Form der Genealogie ein Verzeichnis aller ihrem Verfasser bekannten Völker mit ihren Wohnsitzen bietet. Auch hinter der mit Überlegung geordneten Aufzählung der einzelnen Schöpfungswerke (1.Mose 1) oder hinter der Fragereihe Gottes an Hiob (Hiob 38), die nicht abreißen will, hat man immer wieder solches Listenwissen vermutet.

Vor allem aber muß in diesem Zusammenhang auf 1.Kön 5,12f. verwiesen werden:

> »Er (Salomo) redete dreitausend Sprüche, und die Zahl seiner Lieder betrug tausendundfünf. Er wußte zu reden über die Bäume, von der Zeder auf dem Libanon bis zum Ysop, der an der Mauer herauswächst; er wußte zu reden über die Vierfüßler und die Vögel, über das Gewürm und die Fische.«

Es sind nicht allein die großen Zahlen, die dazu Anlaß gaben, zu vermuten, Salomo habe sich aktiv an der Listenwissenschaft beteiligt. Es sind vor allem die Inhalte, die diese Vermutung aufkommen ließen. Denn es war ja die Naturweisheit (Flora und Fauna), die nach dieser Notiz den Inhalt der salomonischen Lieder und Sprüche bildete. Und diese Naturweisheit hatte ihren traditionellen Sitz in den Listen. Führte Salomo diese Listenweisheit vielleicht weiter, indem er sie poetisierte, von der Benennung der Dinge zu der Beschreibung ihres Wesens in Sprüchen und Liedern voranschritt? Solche Poetisierung des Listenwissens ist ein sowohl in der außerbiblischen als auch in der biblischen Weisheit bekannter Vorgang. Nicht selten wurden dabei die in den Listen verzeichneten Dinge unter anderen Gesichtspunkten zusammengestellt. Auf der Suche nach Gemeinsamkeiten eigentlich nicht zusammengehörender Tierarten konnte folgender Zahlenspruch entstehen:

> »Vier sind die Kleinsten auf Erden
> und sind doch unter den Weisen:
> Die Ameisen sind ein Volk ohne Kraft,
> und sichern sich doch im Sommer ihr Futter.
> Die Klippdachse sind ein Volk ohne Stärke,
> und bauen doch in den Felsen ihre Behausung.
> Einen König haben die Heuschrecken nicht
> und ziehen doch wohlgeordnet aus.
> Die Eidechse kann man mit Händen fangen
> und sie hält sich doch (selbst) in Königspalästen.«
>
> (Spr 30,24–28)

Das Alte Testament wußte auch darum, daß die Versprachlichung der Welt durch die Benennung ihrer Elemente in den Listen und die Poetisierung in Sprüchen und Liedern in den Zusammenhang der Schöpfung gehört. Nach 1.Mose 2,19f. führt Gott dem Menschen alle Lebewesen des Feldes und alle Vögel des Himmels zu, um zu sehen, welche Namen er ihnen geben würde. Die Erschaffung der Tiere durch Gott wird gewissermaßen in der Benennung durch den Menschen aufgenommen und zu Ende geführt. Der Mensch ist von Gott beauftragt und ermächtigt, die Welt durch das Medium der Sprache zu erfassen und zu gestalten. Die Absicht, die Gott mit diesem Auftrag der Namengebung verband, war es, dem Menschen damit eine ihm entsprechende Hilfe an die Seite zu stellen (1.Mose 2,18). Offensichtlich steht hinter dem gesamten Motiv das Wissen, daß dem Menschen seine Mitkreaturen nur dann hilfreich sein können, wenn er sie zu seinen Ansprechpartnern macht. Wir wissen, daß der Mensch in den Tieren diesen ihm entsprechenden Ansprechpartner nicht gefunden hat. Deswegen baute Gott aus Adams Rippe die Frau (1.Mose 2,21f.). Hier wird bereits eine Fremdheitserfahrung zwischen Mensch und Tier artikuliert. Ihre Beziehung hat ein einseitiges Gefälle. Das Sprachwesen Mensch findet im Tier keinen Sprechpartner. Es gibt keine Gegenseitigkeit auf der Ebene der Sprache. Und doch bleibt es Wille Gottes für den Menschen, daß dieser seine Mitkreaturen nicht zu namenlosen und damit auch rechtlosen Gesellen erklärt, sondern sich ihrer annimmt, indem er ihnen einen Namen gibt, so annimmt wie eine Mutter, die ihr neugeborenes Kind benennt. Auf diese Weise ist der Mensch in das Schöpfungswerk Gottes mit einbezogen.

Es hat sich gezeigt, daß die Motive, die hinter dem altorientalischen Listenwissen erkennbar wurden – Versprachlichung der Welt, Ordnung der Welt – auch in Israel wirksam waren. Es blieb zwar kein Onomastikon im ursprünglichen Sinne im Alten Testament erhalten. Aber diese hatten eine deutlich erkennbare Wirkungsgeschichte in anderen literarischen Zusammenhängen.

Sprüche

Der Spruch gehört zu den bevorzugten Redeformen der Weisen. Die Spruchdichtung spielte in allen antiken Kulturen eine bedeutende Rolle. Diese eigentümliche Art der Formulierung von Erfahrungen und Beobachtungen in einprägsamen, knappen Sinnsprüchen ist ein Akt angestrengter geistiger Konzentration und sprachlicher Selbstdisziplinierung. Hier werden nicht flotte Sprüche geklopft, wie das in der Werbe- und Aufkleberkultur der Fall ist. Da ist der Spruch zum Zweck verkommen. Er dient dem Geschäft, dem Namen einer Firma, der Identifikation mit politischen Zielen und Medienidolen. Ganz anders der Sinnspruch der Weisen. Er will differenzierte Erfahrung von Wirklichkeit nicht einebnen, auf einen Nenner bringen, in ein dogmatisches System von Lebensanschauungen und Lebensregeln einschnüren. Er ist eher die charakteristische Momentaufnahme, die im Wort konzentrierte und verdichtete Erfahrung. Er deckt Wirklichkeit auf, indem er sie bezeichnet, das Bezeichnende einer Lebenssituation entschlüsselt.

»Lügen haben kurze Beine.« Ein Sätzchen nur – und doch fängt es die Erfahrung einer Lebenssituation ein, die sich je und je neu einstellen kann. Vier Worte, und schon ist das Geschick der Lüge enttarnt. Das »Volkssprichwort« gibt keine Befehle, es ermahnt nicht, es stellt schlicht fest. Die Lüge kann sich nicht davonstehlen. Sie wird anthropomorphisiert, nimmt die Gestalt eines Menschen mit kurzen Beinen an. Der Lügenmensch kann sich nicht aus dem Staub machen, die Wahrheit holt ihn ein.

Auch das Spruchgut der Weisen der Bibel hat solche Volkssprichwörter aufgenommen. In ihnen spricht sich ein Stück Volksweisheit und Volkserfahrung aus:

»Kommt Vermessenheit, kommt auch Schande.« (Spr 11,2)
»Das Brot der Lüge schmeckt einem Manne gut;
doch nachher füllt sich sein Mund mit Steinen.« (Spr 20,17)
»Aufleuchtende Augen erfreuen ein Herz;
etwas Gutes hören labt den Leib.« (Spr 15,30)

Drei Lebenssituationen, die sich in vielfältigen Variationen immer wieder beobachten lassen. Da ist der Hochmut, der beschämt wird; die erste Freude am Betrug, an dem ich mir bald die Zähne ausbeiße; das strahlende Angesicht, die gute Nachricht, die Herz und Knochen, Leib und Seele erfrischen. Diese Lebenssituationen haben sich mit einem Wort verbunden. Das Wort deckt die Situation auf, aber die Situation entschlüsselt auch das Wort. Beide erläutern sich gegenseitig. Die Erfahrung »beschämter Hochmut« wird zur sprechenden Erfahrung. Hier geht es um eine Versprachlichung von Welt, in der Vorhandenes nicht einfach aufgelistet wird. Hier wird es durch die Benennung in seiner Eigenart überhaupt erst sichtbar.

Das Volkssprichwort, das in der Regel in einem »Aussagespruch« auf Beobachtetes hinweist, ist nur indirekt von pädagogischem Eros erfüllt, obwohl man seine erzieherische Funktion auch nicht unterschätzen sollte. Es wirbt um Einsicht in die von ihm aufgezeigten Lebenszusammenhänge, indem es ganz charakteristische Aussageformen entwickelt und nutzt. Es wägt ab, was für den Menschen besser ist:

»Besser demütig mit den Niedrigen (leben) –
als mit Stolzen Beute teilen.« (Spr 16,19)

Es vergleicht Erscheinungen, die normalerweise nicht miteinander in Verbindung gebracht werden und doch etwas Gemeinsames haben:

»Wie Essig auf eine Wunde,
so wer Lieder vorsingt einem verstimmten Herzen.«
(Spr 25,20)

Der erzieherische Aspekt dieser Volksweisheiten liegt auf der Hand. Gänzlich unaufdringlich erziehen sie zur vertieften Wahrnehmung von Wirklichkeit und Lebenszusammenhängen. Da findet sich kein kleinliches Moralisieren, kein Zwang. Die Volksweisheit appelliert an die Einsicht und Vernunft des Menschen.

Nun lassen sich aber keineswegs alle Sprüche der Weisen auf Volksweisheiten zurückführen. Häufig, ja in der überwiegenden Mehrheit der Fälle, handelt es sich um einen »Kunstspruch«, also um ein Stück Dichtung, dem Aphorismus in der Literatur näher stehend als dem Sprichwort. Man wird das Verhältnis zwischen Sprichwort und Weisheitsspruch keineswegs als Einbahnstraße verstehen dürfen. Nicht nur Sprichwörter fanden Eingang in das Spruchgut der Weisen, sondern auch Kunstsprüche wurden in dem einen oder anderen Falle zum Volkssprichwort. So kann man in jedem Lexikon der geflügelten Worte eine Fülle von Sprüchen aus den biblischen Weisheitsbüchern finden, die in den deutschen Zitaten- und Sprichwortschatz Eingang fanden, oft in veränderter und vereinfachter Form: »Der Mensch denkt, Gott lenkt« (Spr 16,9). »Wie du mir, so ich dir« (Spr 24,29). »Wer sein Kind liebhat, der züchtigt es« (Spr 13,24). »Es geschieht nichts Neues unter der Sonne« (Koh 1,9). Die Beispiele ließen sich noch erheblich vermehren.

Schon der Inhalt mancher Sprüche deutet darauf hin, daß es sich bei ihnen nicht um Volkssprichworte handelt, weil sie eben nicht von allgemeinem Interesse gewesen sein dürften. So fragt man sich bei manchem Königsspruch, ob er nicht eher der Erziehung und Vorbereitung der Prinzen auf ihre zukünftige Aufgabe diente (Spr 14,28; 16,10.12; 20,18.26.28; 25,2; 28,3; 29,4) oder der Schulung der Beamten des Königs (Spr 14,35; 16,13ff.; 20,2; 25,3.6f.; 29,26).

Der Form nach unterscheiden wir die Kunstsprüche in »Aussagesprüche« und »Mahnsprüche«.

Der »Aussagespruch«, der uns schon bei den Sprichwörtern begegnete, konstatiert einen Sachverhalt. Er benennt die Welt, wie sie ist, und weist den Menschen in sie ein. Der unpersönlich formulierte Spruch möchte auf diese Weise ein realitätsbezogenes Verhalten fördern:

»Ein weiser Sohn erfreut den Vater,
doch ein törichter ist seiner Mutter Kummer.« (Spr 10,1)

Nun gibt es aber immer wieder Phänomene, Erfahrungen, die sich einer direkten Aussage entziehen. Sie lassen sich nur im Vergleich sprachlich gestalten und erfassen. So ist der »Vergleichsspruch« eine besondere Form des Aussagespruches:

»Wie ein Hund, der zurückkehrt zu seinem Erbrochenen,
ist der Tor, der (nur) wiederholt seine Narrheit.« (Spr 26,11)

»Ein goldener Ring im Rüssel eines Schweines –
eine Frau, die schön, aber schamlos ist.« (Spr 11,22)

Der beliebte Vergleichsspruch (vgl. Spr 10,15.20.26; 11,28; 12,4.18; 14,30; 15,19 u. ö.) setzt immer eine menschliche Haltung zu einer Erscheinung der außermenschlichen Welt (Pflanzen, Tiere, Wetter, Gebäude, Geräte ...) in Beziehung. Erst in dieser Beziehung (Hund – Tor; geschmücktes Schwein – schamlose Frau) ergibt sich eine Aussage. Über das reine Feststellen hinaus bekommen diese Sprüche einen wertenden Zug. Deftig, zuweilen auf der Grenze zwischen Witz und Beleidigung, wird der Hörer zu einer Einsicht und einem ihr entsprechenden Lebenswandel gerufen.

Eine anspruchsvollere Weiterentwicklung des vergleichenden Aussagespruches ist der »Zahlenspruch«:

»Drei gibt es, die für mich zu wunderbar sind,
und vier, die ich nicht begreife:
Der Weg des Adlers am Himmel,
der Weg der Schlange auf Felsgestein,
der Weg des Schiffes auf hoher See
und der Weg des Mannes beim Weibe.« (Spr 30,18f.)

Die Kunstfertigkeit eines Zahlenspruches (vgl. auch Spr 6,16–19; 30,15–28; Am 1,3–2,16) ist nicht zu unterschätzen. Die nach dem Zahlenmuster X + 1 zusammengestellten Phänomene unterschiedlichster Art weisen in ihrem Verhalten oder ihrer Erscheinung etwas Gemeinsames auf, das es zu entdecken gilt. Dabei haben die Sprüche zusätzlich ein Bedeutungsgefälle. Die Zuspitzung ihrer Aussage liegt in ihrem letzten überschießenden Glied. Alle vier in unserem Zahlenspruch genannten Phänomene (Adler, Schlange, Schiff, Mann) gehen ihre geheimnisvollen Wege. Und doch bleibt der Weg der Geschlechter zueinander der geheimnisvollste und abgründigste.

Von den Aussagesprüchen zu unterscheiden ist der »Mahnspruch«. Er ist der klare Ausdruck eines pädagogischen Bemühens. In ihm wird die Welt benannt, wie sie sein kann und soll. Er weist den Menschen also in Verhaltensnormen ein und ist als direkter Anspruch (2. Person Singular) formuliert:

»Plane nichts Böses wider den Nächsten,
während er arglos bei dir sitzt.« (Spr 3,29)

»Beraube nicht den Geringen, da er ja gering ist,
und nicht vernichte im Tor den Bedrückten.
Denn JHWH verficht ihren Streitfall
und raubt das Leben ihren Beraubern!« (Spr 22,22f.)

Diese Sprüche liegen im Gedächtnis der Erzieher (Eltern, Lehrer?) nicht in erster Linie bereit, um bei einer entsprechenden Lebenssituation abgerufen zu werden, um Wirklichkeit zu entschlüsseln. Vielmehr werden die Adressaten der Mahnsprüche darauf vorbereitet, es gar nicht erst zu den in den Sprüchen benannten Lebenssituationen kommen zu lassen. Sie wollen also bestimmte Formen der Wirklichkeit (Bosheit, Raub, Unterdrückung ...) nach Kräften verhindern. Die Spruchdichter sind Realisten. Aus Erfahrung wissen sie, daß es so etwas gibt. Aber sie sind auch zuversichtlich genug anzunehmen, daß das nicht immer so sein und bleiben muß. Das Böse ist nicht des Menschen Schicksal. Es ist immer auch seine freie Entscheidung (Sir 15,11ff.). Er kann es meiden. Besonders die Lehrreden (vgl. z.B. Spr 1,8ff.) zeigen Möglichkeiten der Vermeidung auf.

Der Mahnspruch kann ein einfaches Gebot (Spr 3,27–31; 31,8f.) oder Verbot (Spr 22,28; 27,2) aussprechen. In der Regel enthält er aber eine Begründung, die die Ermahnung einsichtig machen möchte (Spr 22,17ff.; 23,6ff.; 24,1f. u.ö.). Der weisheitliche Mahnspruch ist also kein autoritärer, nicht hinterfragbarer Befehl. Er will einleuchten, durch Weisheit und Erfahrung überzeugen.

Lehrreden

Als eine Erweiterung des Mahnspruches könnte man die weisheitliche Lehrrede verstehen. Schon im Rahmen der häuslichen Erziehung gibt es ja das weitverbreitete Grundmuster: Am Anfang die schlichte Ermahnung – am Ende die ausführliche Moral- und Strafpredigt! Vielleicht war das auch das Entstehungsmuster der einen oder anderen Lehrrede, denn diese enthalten immer wieder Mahnsprüche. Generell kann man das aber nicht sagen. Denn die Lehrrede stellt eine literarische Größe ganz eigener Art dar. Sie hat eine geschliffene literarische Form, die sicherlich nicht so einfach aus dem spontanen häuslichen Erziehungsgeschehen abgeleitet werden kann. Ihr Vorkommen beschränkt sich auf die ersten Kapitel des Buches der Sprüche (Hauptsammlung I), in denen sich zehn solcher Lehrreden ausfindig machen lassen:

I	1,8–19	VI	4,10–19
II	2,1–22	VII	4,20–27
III	3,1–12	VIII	5,1–23
IV	3,21–35	IX	6,20–35
V	4,1–9	X	7,1–27

Die Lehrrede wird mit einer direkten Anrede des Vaters (= Lehrers ?) an den Sohn (= Schüler?) eröffnet. Dabei wird dem Sohn das Hören und Annehmen der Lehre empfohlen, weil diese seinem Leben in jeder Weise dienlich sei. Auf die Lehreröffnung (A) folgt der eigentliche inhaltliche Hauptteil (B) der Lehrrede, der formal nicht an ein feststehendes Muster gebunden ist. Den Abschluß (C) bildet häufig ein Hinweis auf die Konsequenzen der Einhaltung oder auch Nichteinhaltung der Lehre:

A Lehreröffnung – Empfehlung
1 »Ihr *Söhne, hört* auf die Mahnung des *Vaters* und merket
auf, um Einsicht zu lernen!
2 Denn *gute Lehre* gebe ich euch:
meine Weisung, verlaßt sie nicht!
3 Als ich nämlich noch als Sohn war beim Vater,
als sanftes und einziges Kind vor der Mutter,
4 da belehrte er mich und sagte zu mir:

B Hauptteil
›Halte fest meine Worte im Herzen,
bewahre meine Gebote, dann lebst du glücklich!
5 Erwirb dir Weisheit! Kaufe Einsicht!
Vergiß sie nicht und weiche nicht ab von meines
Mundes Worten!
6 Laß nicht von ihr, so bewahrt sie dich;
behalte sie lieb, dann behütet sie dich!

7 Der Weisheit Anfang ist: Erwirb dir Weisheit,
kaufe Einsicht für all deine Habe.

C Abschluß - Folgen
8 Umfange sie, dann erhöht sie dich;
sie bringt dich zu Ehren, umfängst du sie liebend.
9 Sie setzt dir aufs Haupt einen schmucken Kranz,
eine prachtvolle Krone schenkt sie dir.‹« (Spr 4,1–9)

Die pädagogische Form der Lehrreden ist ganz offensichtlich. Zu beachten ist, daß sie, im Gegensatz zu den Sprüchen, die kommunikative Situation in ihrer Eröffnung mitbenennen, aus der sie hervorgingen beziehungsweise für die sie bestimmt waren. Die »Lehre« der Reden entspringt nicht dem augenblicklichen Einfall oder der jeweiligen Stimmung eines Weisen. Sie weist sich als Anrede des Vaters an den Sohn aus, sie vollzieht sich zwischen den Generationen. Und auch der Vater hat sie nicht aus sich selbst, sondern bereits von seinem Vater übernommen (V. 3). Die Lehrreden geben also ein seit Generationen erprobtes Erfahrungswissen weiter. Es ist keine kurzatmige Weisheit für den Tag, die sie bereithalten, sondern ein bewährtes Wissen, das auch den kommenden Generationen noch hilfreich sein kann. Nicht ohne Grund weisen die Lehrreden immer wieder darauf hin, daß ihre Lehren bei Beachtung die Lebenstage lang machen (Spr 3,2; 4,10) und das Leben bewahren (Spr 3,22; 4,13.22), bei Mißachtung aber verkürzen und in den Tod führen (Spr 1,19; 5,5f.; 7,27). Die Wahrheit der Lehren erweist sich danach auch in ihrer dem Leben dienenden Bewährung. Die Einweisung in das dauerhaft Bewährte macht weise. Dieses Langzeitwissen der Generationen ist ein Lebensspeicher. Immer wieder wurde es als Ausdruck eines bedenklichen Konservativismus verdächtigt. Lehren, die aber die Absicht haben, das Leben zu konservieren, zu bewahren, können mit diesem Vorwurf leben.

Wenn ich daran denke, mit wieviel Kurzzeitwissen unsere Wissenschaftskultur heute eine junge Generation nach der anderen ins Leben entläßt, dann stellt sich mir die Frage: Brauchen wir nicht dringender denn je solche zeitübergreifenden Lebensspeicher? Wie lange werden die Weisheiten der Väter von heute halten? Wo sollten im pädagogischen Prozeß Prioritäten gesetzt werden? »Ob der Unterricht in Kybernetik und die Bedienung von komplizierten Rechenmaschinen dem jungen Gymnasiasten mehr mitgeben als das Lesen von *Perikles' Totenrede*, von *Platos Gastmahl* oder der *Apologie des Sokrates*, mag fraglich sein« (*W. Bernhard*, Wissenschaft S. 31).

Weisheitsgedichte

Von den Lehrreden sollte man die Weisheitsgedichte unterscheiden. Sicherlich gibt es zwischen beiden Größen auch Gemeinsamkeiten, wie zum Beispiel ihre poetische Sprachform, aber die Differenzen sind unübersehbar. So fehlt den Weisheitsgedichten der für die Lehrreden typische Lehreröffnungsruf. Im Gegensatz zu den Lehrreden weisen die Gedichte eine größere formale Variabilität auf. Zu ihnen gehören Dichtungen, in denen sich die personifizierte Weisheit in der ICH-Rede vorstellt und um Anhänger wirbt (1,20–33; 8,1–11; 8,12–21; 8,22–31). Aber nicht nur die Weisheit *als* Frau und Liebling Gottes lernen wir in den Weisheitsgedichten des Sprüchebuches kennen, sondern auch die Weisheit *der* Frau, durch die alle leben, die in den Kreis ihrer Familie getreten sind, wird in ihnen besungen (Spr 31,10–31). Zu den großen Lehrdichtungen gehören weiterhin das Lied von der Unverfügbarkeit der Weisheit (Hiob 28), die Lieder vom Ende des Gottlosen (Hiob 18,5–21; 20,4–29; 27,11–23) oder der Prolog und Epilog des Buches Kohelet (1,3–11; 11,9–12,7). Schließlich sind einige Psalmen zu nennen (Ps 1; 37; 49; 73; 112; 128; 139), die aus der Schule weisheitlicher Dichter stammen könnten.

Sicherlich gehören die Weisheitsgedichte nicht zu den ältesten Zeugnissen weisheitlicher Welterfassung. Wenn wir die Kluft bedenken, die zwischen der Inventarisierung von Welt in Form einer Liste und der Entschlüsselung von Welt im Gedicht liegt, dann wird erkennbar, wie sehr es die Weisen verstanden, ihre sprachlichen Ausdrucksmöglichkeiten zu erweitern und kunstfertig zu verfeinern. Wir gehen aber in die Irre, wenn wir hier entwicklungsgeschichtlich denken, als gäbe es eine geradlinige Evolution von der Liste über das Volkssprichwort, den Kunstspruch bis hin zum Gedicht. Vielmehr existierten die unterschiedlichen literarischen Formen nebeneinander und hatten je ihren eigenen Funktionsbereich. Die Liste hatte ihren Ort, wo es um die Benennung der handgreiflichen Realien dieser Welt ging. Der Spruch war in der Regel den Tiefen und Untiefen menschlichen Verhaltens auf der Spur. Die Weisheitsgedichte aber versuchen in Worte zu fassen, was sich der Aussagbarkeit auf andere

Weise entzieht. Sie tasten nach Lebensgeheimnissen, die objektiver Feststellbarkeit unzugänglich sind und doch als wirklich erfahren werden. Da ist das Geheimnis der Weisheit selbst: Wem ist sie zu vergleichen (Spr 8,11.19; Hiob 28,15ff.)? Welchen Ort und welche Aufgabe hat sie in Gottes Weltenplan (Spr 8,22ff.)? Läßt sie sich finden (Spr 1,28; Hiob 28,13f.)?

Da ist das Geheimnis des Menschen, der sich der Weisheit verweigert oder auch anvertraut: Warum hört der Frevler nicht auf ihre Stimme, die doch so deutlich ruft (Spr 1,20f.)? Was hält ihn in seinem Unverstand gefangen, der ihm doch nur den Tod bringt (Spr 1,32; 9,18)? Wie lange noch kann der Bösewicht frohlocken (Hiob 20,4ff.)? Was wird ihm sein Reichtum nützen (Hiob 27,16ff.; Ps 49)? Wie kann der Gottlose glücklich sein (Ps 73)? Wodurch haben Haus und Familie Bestand (Spr 31,10ff.; Ps 128)? Und da ist das Geheimnis des Menschen selbst: Hat er einen Gewinn in seinem Leben (Koh 1,3ff.)? Wie ist es um seinen Tod bestellt (Koh 12,1ff.)?

Wer sich in solche Fragen verstricken läßt, wird selbst spüren, wie wenig es ausreicht, die auf diesen Erfahrungsfeldern beobachteten Phänomene einfach zu benennen. Spätestens hier wird ihm schmerzlich bewußt, wie schwer es gelingen will, das Wahrgenommene auch auszusprechen. Gerade an den Rändern unserer Sprachfähigkeit ist die Sprache der Dichter gefordert. Durch Wort- und Satzfügungen, Bilder, Metaphern, Vergleiche ist sie dazu in der Lage, neue Sprach- und Erkenntnisräume aufzuschließen. Deswegen hat ein Gedicht, und zumal ein Weisheitsgedicht, keineswegs nur einen ästhetischen Wert. Es hat auch eine noetische, Erkenntnis fördernde, Funktion. Dichtung ist nicht im Kerker der Ästhetik gefangen. Sie hat immer wieder ein welterschließendes Wesen. Als Beispiel sei hier nur ein kleines Weisheitsgedicht aus dem Koheletbuch aufgeführt. Es läßt einen strengen Aufbau erkennen, der bei der Interpretation wohl zu beachten ist:

15a »*Alles* habe ich gesehen in meinen nichtigen Tagen: I

b Es gibt Gerechte, die zugrunde gehen trotz ihrer Gerechtigkeit, II
und es gibt Frevler, die lange leben trotz ihrer Bosheit.

16 Sei nicht allzusehr gerecht,
und gehabe dich nicht allzu weise! III
Warum willst du dich zugrunde richten?

17 Frevle nicht allzusehr
und sei kein Tor! III
Warum willst du vorzeitig sterben?

18a Gut ist es, du hältst das eine fest II
und läßt auch das andere der Hand nicht entgleiten.

b Ja, wer Gott fürchtet, bringt *alles* beide zuwege.« I
(Koh 7,15–18)

Das erste und letzte hebräische Wort dieses Gedichtes ist das Nomen *kol* (= alles). Es stellt eine Art Ringdichtung dar, in deren Zentrum zwei Dreizeiler stehen (V. 16f.), auf denen das Hauptgewicht der Aussage liegt. Diese Dreizeiler sind in zwei »Hüllen« eingepackt, zwei Zweizeiler (V. 15b.18a) und zwei Einzeiler (V. 15a.18b). Der erste Zweizeiler (V. 15b) bezieht sich dabei exakt auf die beiden folgenden Dreizeiler. In seiner ersten Zeile ist von Gerechten die Rede, denen die Warnung von V. 16 gilt. In der zweiten Zeile werden Frevler erwähnt, die mit V. 17 angesprochen werden. Diese wenigen Bemerkungen zeigen die kunstvolle Struktur des Gedichtes.

Der Dichter geht von der paradoxen Beobachtung aus, daß es Gerechte gibt, die trotz ihrer Gerechtigkeit umkommen, und Frevler, die trotz ihrer Bosheit lange leben. Diese Erfahrung widerspricht scheinbar der Hauptlehre der älteren Weisen, wonach gutes und böses Tun den ihm entsprechenden Lohn empfängt. Diesem Widerspruch versucht Kohelet auf die Schliche zu kommen, indem er fragt, ob ihr Geschick auch in der besonderen Art ihrer Gerechtigkeit und ihrer Bosheit begründet sein könnte. Und in der Tat lassen dann die Mahnungen in den Dreizeilern erkennen, daß dies der Fall ist. Der Gerechte kann sich eben durch übertriebene Gerechtigkeit und eingebildete Weisheit um den Erfolg seiner Bemühungen, ja um sein Leben bringen (V. 16). Es gibt eben eine Art von Gerechtigkeit, die alles will, und am Ende nichts erreicht. Eltern wissen, daß Gerechtigkeit und Weisheit allein nicht ausreichen, um Kindern gerecht zu werden. Immer wieder ist darüber hinaus ihre Liebe gefragt, die nicht auf Rechte gegenüber den Kindern pocht, sondern bereit ist, zu vergeben und auch über Vergehen hinwegzusehen. Und es gibt auch eine besondere Art von Frevel, die das Leben nicht mutwillig verkürzt. Für Kohelet besteht kein Zweifel:

»Ja, kein Mensch im Lande ist so gerecht,
daß er (nur) Gutes täte und nie sündigte.« (Koh 7,20)

Angesichts dieser Beschaffenheit des Menschen kann nur vor einem Übermaß an Bosheit und Dummheit gewarnt werden, davor, sich willentlich zugrunde zu richten. Beide Ratschläge sollte der Weise beherzigen (V. 18a). Denn letztlich ist es die Gottesfurcht, die den Menschen die Grenzen seiner Gerechtigkeit und Weisheit erkennen läßt und ihn vor maßlosem Frevel bewahrt. Das Gedicht ist ein Beispiel dafür, mit welcher Kunstfertigkeit der Sprache und Form der Dichter Phänomene erschließt, die sich dem vorschnellen, direkten Zugriff der Erkenntnis entziehen. Wird unser Leben nicht ärmer an Erkenntnis ohne diese Sprache der Weisheitsgedichte?

Lehr-Erzählungen

Am Ende des Überblicks über die wichtigsten Redeformen der Weisheit soll noch ein Hinweis auf die Lehrerzählungen stehen. Danach kannten die Weisen nicht allein die poetisch gebundenen Sprachformen, sondern auch die einem Geschehensbogen nachgehende Prosa. Nicht nur die Momentaufnahme des Spruches, das tiefenscharfe Gemälde des Weisheitsgedichtes, sondern auch die Geschehensfolge der Erzählung. Und auch dort, wo sich die Weisen der Prosa bedienen, beherrschen sie eine Vielfalt der Formen.

Da ist die kurze, geschliffene Beispielerzählung oder Fallstudie (Spr 24,30–34; Koh 4,13–16; 9,13–16). Sie dienten eher der erzählerischen Illustration.

Einen anderen Charakter hat die szenarisch kunstvoll aufgebaute Rahmenerzählung des Hiobbuches (Hiob 1,1–2,10; 42,10–17). Bei ihr handelt es sich eher um ein Stück Kunstprosa als um eine schlichte Volkserzählung. Sie stellt eine ausgesprochen theologische Problemerzählung dar. Aber das Problem des rechten Gottesverhältnisses im Leiden wird eben nicht erörtert und diskutiert wie in dem eingeschobenen Redenteil, sondern erzählend entfaltet. Hiob wird hier vorgestellt als der Prototyp des gottesfürchtigen Weisen, der sich auch im Leiden richtig zu verhalten weiß.

Nicht vergessen werden darf hier die fiktive Lehrerzählung, von der ein Musterbeispiel in der Königstravestie des Koheletbuches (1,12–2,11) vorliegt. Der Weise schlüpft in Gedanken in den Königsmantel. Und dann erzählt er in Form des autobiographischen Berichtes von seinen Lebensexperimenten mit der Weisheit, dem Luxus, der Torheit.

Und schließlich begegnen wir außerhalb der biblischen Weisheitsbücher Erzählungen, die den Charakter weisheitlicher Lehr-Erzählungen tragen. An Umfang die bisher erwähnten bei weitem übertreffend ist die Josefsnovelle zu nennen (1.Mose 37–50). Sie stellt Josef als einen Musterschüler der Weisen dar. All ihren Empfehlungen wird er gerecht, was ihn gegen jedweden Widerstand zum Erfolg führt. In Potifars Haus meidet er die »fremde Frau« (1.Mose 39) – ein Hauptgebot der Weisen (Spr 5; 22,14; 23,27f.). Er versteht es, vor seinem Herrn, dem Pharao, als kluger Ratgeber und Redner aufzutreten (1.Mose 41, vgl. Spr 22,29; Sir 8,8). Seinen Brüdern gegenüber ist er großherzig, frei von Rachegedanken (1.Mose 45,4ff.; 50,21 vgl. Spr 10,12; 24,29), weil er weiß, daß es letztlich Gott ist, der Herzen lenkt und Wege führt (1.Mose 50,20, vgl. Spr 16,9; 20,24). Josef macht sein Glück in der Fremde, weil er sich weise zu verhalten weiß. Seine Klugheit ist überall gefragt, nicht nur in Israel, auch in Ägypten kann er damit bestehen.

Das erinnert uns an einen anderen weisen Jüngling aus Israel, an Daniel. Er wird gleich am Anfang des Buches als ein junger Mann vorgestellt, der intelligent ist, zur Weisheit taugt und keinerlei Makel hat (Dan 1,4). Der babylonische König Nebukadnezar läßt ihn mit einigen Gefährten aus der Gruppe der Verbannten auswählen, um im Palast zu dienen. Hier kommt es zur Auseinandersetzung mit den Weisen Babels (2,12f.), die versagen, während Daniel, auf die Weisheit des Gottes Israels vertrauend, alle Intrigen und Gefährdungen besteht (2,20.23; 5,11.14). Selbst der fremde König kann sich dieser Weisheit nicht entziehen.

Die Weisen waren also auch Erzähler. Ihre Lehre, das war nicht nur der Satz, der Spruch, mit dem sie punktuell die eine oder andere Lebenssituation erhellten. Letztlich ging es ihnen um das Gelingen des ganzen Lebens. Wenn sie erzählten, dann nicht allein um zu unterhalten. Ihre Geschichten waren Einladungen des Lebens. Wer sie sich zu eigen machte und macht, zu seinen Geschichten, dem winkt trotz aller Widrigkeiten der Lohn der Weisheit, ein gelungenes, erfülltes Leben. Kein flaches Leben ohne Schmerz, man erinnere sich an Hiob! Kein Leben ohne Gefährdungen, Neid und Konflikte, man denke an Josef und Daniel. Kein Leben, das sich dem Wahn hingibt, es könne sich die Erfüllung selber schaffen, sei es nun durch den rigorosen Erwerb von Reichtum oder Weisheit. Das vermeintliche Glück, dem die verkrampfte Anstrengung der Selbsterlösung im Gesicht geschrieben steht, zerrann bereits dem Kohelet, alias

Salomo, zwischen den Fingern (Koh 2,11). Aber das Leben der Weisen blieb mit all diesen Erfahrungen des Unheils von Gott gehalten, geführt und beschenkt.

Der Parallelismus membrorum

Die Weisheit ist ein Beziehungswissen. Auf diese Aussage werden wir in den nächsten Kapiteln immer wieder zurückkommen müssen. Das wird bereits an der wichtigsten Redeform der Weisen erkennbar, dem Parallelismus membrorum (Parallelismus der Satzglieder). Das heißt: Eine Aussage wird in der Regel nicht in einem einfachen Satz, sondern in zwei parallelen Satzhälften getroffen, die einen Gegensatz benennen (antithetisch), sich ergänzen (synthetisch) oder auch in wenig ins Gewicht fallenden Variationen wiederholen (synonym) können. Die ganze Wahrheit, die Komplexität der wahrgenommenen Phänomene, läßt sich nicht in einer Satzhälfte aussagen. Sie ist nie so ganz eindeutig festschreibbar. Sie tut sich auf im Gegensatz, in der Ergänzung oder Fortführung:

> »Ein fröhliches Herz befördert die Gesundheit,
> doch ein gedrücktes Gemüt zehrt den Körper aus.«
>
> (Spr 17,22)

> »Haus und Habe sind das Erbe von den Vätern,
> aber eine verständige Frau kommt von JHWH.«
>
> (Spr 19,14)

Das sind nur zwei Beispiele für den weitverbreiteten *antithetischen Parallelismus membrorum.*

Im ersten Spruch geht es um den Zusammenhang zwischen der geistig-seelischen Verfassung eines Menschen und seinem leiblichen Wohlbefinden. Insofern stehen beide Satzhälften nicht nur in einer syntaktischen, sondern auch in einer inhaltlich-sachlichen Parallele. Sie haben etwas Gemeinsames, Vergleichbares im Blick, die Psychosomatik des Menschen. Doch innerhalb dieser Psychosomatik wird nun ein Gegensatz benannt. Das fröhliche Herz, das dem Körper wohltut – das geknickte Gemüt, das den Leib auszehrt. Es ist der Gegensatz der Stimmungen, der die jeweils entsprechenden positiven oder auch negativen Folgen für den Körper hat.

Werfen wir noch einen Blick auf den zweiten Spruch. Auch hier ist es wieder nicht allein eine syntaktische Parallelität, sondern auch eine sachliche Entsprechung zwischen den beiden Satzhälften. Beide haben den Hausstand des israelitischen Mannes im Blick; beide gehen der Frage nach, auf welche Weise er zu diesem kommt. Zum Hausstand gehören das Haus selbst, materielle Güter, Landbesitz und eine Frau. Das eine, Haus und Güter, erhält man von den Vätern als Erbteil. Es ist eine menschliche Gabe, das, womit der Sohn rechnen kann, was er kennt und ihm zusteht. Ist das mit der Frau anders? Der Spruch bekommt erst auf dem Hintergrund des israelitischen Eherechtes seine volle Aussageschärfe. Auch die Frau erhält der Israelit ja »von Vätern«. Er zahlt nämlich dem Vater der Braut in der Regel einen Brautpreis (= *mohar*), der nicht als Kaufpreis zu deuten ist, sondern als Ausgleich dafür, daß mit der Hochzeit die Familie der Braut eines ihrer Mitglieder verliert (1.Mose 34,12; 2.Mose 22,15f.; 1.Sam 18,25). In jedem Falle muß sich der Bräutigam oder dessen Vater mit dem Vater der Braut über den Brautpreis einigen, seine Einwilligung haben, um die für ihn Ausersehene (1.Mose 24; 2.Mose 21,9; Ri 14,1ff.) zur Frau nehmen zu können. Verhält es sich also mit der Frau anders als mit Haus und Habe? Konnte der Freier nicht genauso mit ihr rechnen wie mit seinem Erbteil? Er mußte doch nur den entsprechenden Verpflichtungen nachkommen – und alles war geregelt! Alles das stimmt, wenn es um eine Frau schlechthin geht. Die bekommt man ebenso von den Vätern wie die anderen zur Gründung eines eigenen Hausstandes notwendigen Dinge. Während man aber beim Erbteil in der Regel weiß, was es wert ist, ist das bei einer Frau, die man heiratet, anders. Ein Mensch birgt viele Geheimnisse in sich. Er ist nie bis ins letzte durchschaubar und berechenbar. Irgendeine Frau kann jeder erwerben. Dafür gibt es festgelegte Spiel- und Verhaltensregeln. Eine einsichtige Frau aber kommt von JHWH. Da wo es um eine so intime und persönliche menschliche Beziehung wie die Ehe geht, da stößt der Mensch an die »Grenze des Kalkulierbaren« (*O. Plöger*, Sprüche S. 223). Die Sprüche selbst wissen ein Lied davon zu singen (Spr 2,16f.; 6,24ff.; 12,4; 14,1; 21,9.19; 25,24; 27,15f.; 31,10ff.), wie wenig es der Mann allein in der Hand hat, eine passende Frau zu finden, an der und mit der er Freude haben darf. Gerade weil das Gelingen der Beziehung von Mann und Frau nicht berechenbar und nicht kaufbar ist wie ein Erbteil, deswegen fühlt sich der Israelit auf diesem Felde in die Hand JHWHs gegeben. Ihm verdankt er das Gegenüber, das ihm entspricht (1.Mose 2,21ff.), seinem Wohlgefallen die Frau des Lebens (Spr 18,22).

Die kurze Auslegung der beiden Sprüche will andeuten, welch weites Assoziationsfeld in einem antithetischen Parallelismus membrorum abgeschritten werden kann. Die intellektuelle Potenz dieser Sprüche besteht darin, zunächst durchaus vergleichbare Dinge oder Vorgänge nebeneinander zu stellen und dennoch einen manchmal verblüffenden Kontrast in ihnen ausfindig zu machen. Die Antithese im Vergleichbaren, Gemeinsamen, Zusammengeordneten bringt die eigentliche Spannung in den Spruch. Der Spruchdichter übt sich, die Leser und Hörer seiner Sprüche in grundlegende Formen der Erkenntnisfindung ein: Verbinden und Unterscheiden – Gemeinsames suchen und Trennendes entdecken.

Der *synonyme Parallelismus membrorum* trägt die Aussage der ersten Satzhälfte in der zweiten noch einmal leicht variiert vor:

> »Böse verbeugen sich vor den Guten
> und Frevler an den Türen der Gerechten.« (Spr 14,19)

> »Heimliche Gabe beschwichtigt Zorn,
> ein Geschenk im Gewandbausch heftigen Grimm.«
> (Spr 21,14)

Wir würden den synonymen Parallelismus unterschätzen, wenn wir in ihm lediglich eine Wortspielerei oder rhetorische Floskel sähen. Dem Hebräer war das kein Pleonasmus (Überfülle des Ausdrucks), keine an sich überflüssige und überladene Doppelung der Aussage. Vielmehr handelt es sich ja um eine Wiederholung mit anderen Worten. Und diese anderen Worte bewirkten eine Erweiterung des Sprach- und Bedeutungsraumes der Aussage. Die beiden Segmente des Parallelismus waren wohl weithin deckungsgleich und doch nicht miteinander identisch. In der Doppelung drückt sich das Bewußtsein aus, daß sich bestimmte Phänomene eben nicht auf einen einfachen Satz bringen lassen. Vielmehr bleibt im Gesagten immer noch etwas unabgegolten, der Erweiterung bedürftig und der Vertiefung des Gedankens offen.

An Spr 21,14 sei das kurz erläutert. In beiden Satzhälften ist von einer Gabe, einem Geschenk die Rede, durch welches sich der jeweilige Empfänger freundlich stimmen läßt. Dabei findet zunächst das hebräische Nomen *matan* Verwendung, das jede beliebige Gabe bezeichnen kann. In Parallele dazu steht in der zweiten Satzhälfte das Nomen *schochad*, das eine ganz spezielle Bedeutung hat. Mit ihm ist eine Gabe gemeint, die jemand gibt, um sich durch sie von einer drohenden Strafe freizukaufen. Hier handelt es sich also um ein Bestechungsgeschenk. Schon die erste Halbzeile lenkte die Assoziationen in diese Richtung, da sie von einer heimlichen Gabe sprach. Aber erst die variierende Wiederholung in der zweiten Halbzeile hat die Aussagerichtung des Spruches wirklich festgemacht. Es geht um Gaben, mit denen man sich öffentlich nicht zur Schau stellt, die wohl zweifelhaft sind (Spr 15,27; 17,23), aber häufig erfolgreich (Spr 17,8; 18,16).

Der *synthetische Parallelismus membrorum* geht über die variierende Wiederholung noch einen Schritt hinaus. In ihm wird die erste Aussage weitergeführt und durch einen neuen Gedanken ergänzt:

> »Ein ständiges Ärgernis für den Vater ist ein törichter Sohn;
> doch der Frau Zänkereien sind wie ein undichtes Dach,
> das ihn forttreibt.« (Spr 19,13)

Der Spruch könnte einer schwachen Stunde eines geplagten und geprüften Familienvaters entstammen. Dem Motto »Ein Unglück kommt selten allein!« folgend, sinniert er dem nach, was ihm das Leben schwermacht. Da ist der törichte Sohn, der schon Unglück genug sein könnte. Doch muß sich der Hausherr zusätzlich die ständigen Zänkereien seiner Frau anhören. Bei all dem wird hinter der Verbitterung ein Lächeln, ein wenig hintergründiger Humor wahrnehmbar. Der Spruchdichter erreicht ihn mit dem Vergleich der zänkischen Frau mit einer triefenden Dachrinne. Der synthetische Parallelismus bleibt bei einer Erkenntnis nicht stehen. Er schreitet weiter voran und baut auf ihr die nächste auf. Dabei werden aber nicht einfach verschiedene Phänomene aneinandergereiht. Es erfolgt vielmehr eine echte Weiterführung des Gedankens.

Die Beispiele der unterschiedlichen Parallelismen mögen genügen. Sie lassen erkennen, wie verantwortlich der Weise mit der Wahrheit umging. Diese hatte immer zwei Seiten, mindestens zwei Seiten! Sie tut sich schwer, wenn es darum geht, sie auf eine Aussage, einen Aspekt festzulegen. Sie ergibt sich erst im Kontrast, in der präzisierenden Erweiterung, der gedanklichen Fortführung. Die schwebende, unabgeschlossene, der Ergänzung bedürftige Formulierung kann ihr näher sein als die präzise Definition.

Mit diesen zweiteiligen Sprüchen wird eine Aussage nicht so sehr auf den Punkt gebracht, es wird ein Raum, eine Spannweite abgeschritten, die es gedanklich auszumessen gilt. In solch einer Sentenz kann ein ganzes Universum an Wahrheit enthalten sein. Man hat diese Art des Denkens und Formulierens als stereometrisches Denken bezeichnet. Es war ein Akt der Erkenntnisfindung, in dem Sprechen und Denken unmittelbar ineinander lagen, eine Art »Sprachdenken«, in dem nicht Gedachtes und Erkanntes nachträglich in Sprache gefaßt wurde. Vielmehr ereignete sich im Sprechakt Erkenntnis und Gedankenfortschritt. Der Israelit, dem wir die Spruchdichtung der Bibel verdanken, übte sich wie viele antike Völker in diesem stereometrischen Sprachdenken. Er dachte und sprach gewissermaßen immer Stereo, hörte in der einen Hälfte schon die andere mit. Ihm ergab sich die Wahrheit nicht dadurch, daß er sie auf den Begriff brachte, sondern daß er einen Sprachraum abschritt, verschiedene Phänomene zueinander in Beziehung setzte. Nichts ließ er isoliert stehen, immer betrachtete er auch die andere Seite der Medaille. Läßt sich für uns nachvollziehen, wie sich bei den Alten solch ein Sprachdenken konkret vollzog? *Martin Buber*, der sich viel mit den Gepflogenheiten mündlicher Überlieferung bei antiken Völkern und ihren frühesten literarischen Traditionen beschäftigt hat, zeigt uns wenigstens ein Vorstellungsmodell:

»Parallelistische Dichtung ist nicht den Semiten eigentümlich; wir finden sie überall, von ›primitiven‹ Negerstämmen bis zu einer so verselbständigten höfischen Kultur wie die chinesische. Als ihren Ursprung möchte ich die dialogische oder antiphonische Improvisation ansprechen. Bei den Ostasiaten singen an Jahreszeitfesten, mit denen Brautwerbungsriten verschmolzen sind, Jünglings- und Mädchenchöre einander parallelistisch an; bei den finnisch-ugrischen Völkern fassen je zwei Sänger des Volksgesangs, Knie an Knie gegenübersitzend, einander an den Händen und singen, die Oberkörper einander rhythmisch zuwiegend, mitsammen die parallelistischen Doppelverse der Sage. Auch in der Bibel wird oft (so 2.Mose 32,18; Richter 5,11; 1.Samuel 18,7; 21,12; Jesaja 27,2) von Wechselgesang berichtet, und der Begründer der biblischen Poetik, *Robert Lowth*, meint sogar ..., bei den Hebräern habe fast alles Dichten irgendwie dialogische Form« (*M. Buber*, Werke II, S. 1168). Sicherlich können wir nicht davon ausgehen, daß die parallel gebauten Sprüche in ihrer vorliegenden Form alle ihren Ursprung in solch einer dialogischen Situation gehabt haben. Aber die kulturgeschichtlichen Hinweise machen vorstellbar, wie es überhaupt zur Ausbildung und Pflege solcher literarischen Traditionen kommen konnte. Und selbst wenn der Spruch seine Gestalt nicht einem direkten Dialog der Weisen verdankt, sondern eher einem inneren Dialog des Spruchdichters mit der von ihm wahrgenommenen Wirklichkeit, so bleibt das Wissen: Wahrheit erschließt sich nicht in einer monologischen Existenz, sie ergibt sich im Dialog, in der Begegnung, der Beziehung. Das, was in einer Satzhälfte gesagt wird, gewinnt erst seine Prägnanz, seinen ihm eigentümlichen Sinn und Glanz, wenn es in eine Sinnbeziehung zur zweiten Satzhälfte gebracht wird:

> »Der Faule streckt seine Hand in die Schüssel;
> aber zum Munde bringt er sie nicht zurück.« (Spr 19,24)

Was für ein Beziehungs- und Sinngefüge eröffnet solch ein Spruch? Da ist der Faule, der seine Hand gierig (?) oder müde (?) in die Schüssel steckt. Ein Feld von Assoziationen tut sich auf: Faul, aber verfressen! Ausgerechnet der, der die Schüssel nicht gefüllt hat. Wer allerdings glaubt, er habe mit solchen Gedanken bereits die ganze Wahrheit über den Faulen, seine Beziehung zu ihm abgeklärt, der irrt. »Aber zum Munde bringt er sie nicht zurück.« Warum nicht? Ist er selbst zum Essen zu faul und zu träge? Ist die Schüssel wegen seiner Faulheit leer geblieben? Die Wahrheit über den Faulen – wer will sie je ganz ergründen? Es bleibt ein unverrechenbarer Rest. Eigentlich ist alles klar mit dem Faulen und seiner Gier. Und doch bleibt ein Geheimnis: Warum bringt er die Hand nicht zurück? Auch der Faule wird damit unserem letzten Urteil, unserem vorschnellen Bescheidwissen entzogen.

So könnten viele Sprüche durchgespielt werden, jede Satzhälfte zur anderen hin und her gewendet werden. Durch die Beziehung beider Hälften tut sich eine Fülle von möglichen Aussagen und Erkenntnissen auf. Das Geheimnis der Weisheit ist nicht die Definition, die Formel. Das Geheimnis der Weisheit ist die Wahrheit, die aus der Beziehung wächst!

Kapitel IV
Die Orte der Weisheit

Die Sprache der Weisheit wurde »Schrift«! Die Sprecher der Weisheit sind vergangen. Deswegen will es für das alte Israel nur schwer gelingen, präzise den Personenkreis zu bestimmen, der sich zu den Weisen zählte oder als weise galt. Und auch über die Orte und Institutionen, an denen die Weisen wirksam waren, sind wir nur sehr unzureichend informiert. Manche Rückschlüsse lassen sich aus Informationen über die Stätten der Weisheit bei Israels Nachbarn, vor allem bei den Ägyptern und Babyloniern, ziehen. Doch in vielen wichtigen Fragen sind wir noch auf Vermutungen angewiesen.

Das Elternhaus

Es wurde bereits deutlich, daß die Weisheit einen pädagogischen Willen hatte. Wo aber geschah im alten Israel vorrangig Erziehung? Selbstverständlich im Elternhaus! Deswegen soll dieses auch zuerst in Blick genommen werden, wenn es darum geht, Orte der Erziehung zur Weisheit ausfindig zu machen. Da antike Völker noch keine allgemeine Schulpflicht kannten und auch nicht über ein staatlich durchorganisiertes Schul- und Berufsausbildungssystem verfügten, kam dem Elternhaus sicherlich eine ganz besonders entscheidende Funktion bei der Erziehung und Ausbildung der Kinder zu. So werden denn auch die Lehrreden und Sprüche häufig als Anrede des Vaters und der Mutter an den Sohn gekennzeichnet (Spr 1,8; 3,11 f.; 4,1; 6,20; 31,1), auch wenn damit – wie sich noch zeigen wird – ein besonderes Problem verbunden ist. Aber nicht allein in der Stilisierung der Reden und Sprüche als Lehre der Eltern, sondern auch an ihrer Thematik wird erkennbar, wie sehr die Weisheitslehren der häuslichen Erziehung dienten:

> »Wer seine Rute zurückhält, der haßt seinen Sohn;
> doch wer ihn liebt, der sucht ihn mit Züchtigung heim.«
>
> (Spr 13,24)

Immer wieder werden die Eltern darauf hingewiesen, daß die körperliche Züchtigung zum Gelingen der Erziehung beiträgt (Spr 22,15; 23,13f.; 29,17). Allerdings wird ihnen auch eine eindeutige Grenze dieser uns so rüde erscheinenden Erziehungsmaßnahme gesetzt (Spr 19,18). Am Leben des Kindes darf sich der Vater nicht vergreifen. Vielmehr sollen die Eltern den Knaben rechtzeitig auf den richtigen Lebensweg bringen (Spr 22,6) und ihn nicht sich selbst überlassen (Spr 29,15).

Neben dieser noch sehr allgemein gehaltenen Erziehung zu einem »ordentlichen Menschen«, zu Fleiß (Spr 10,4; 11,16; 12,24.27; 13,4; 31,18) und Vermeidung von Faulheit (Spr 6,6; 15,19; 20,4; 21,25; 22,13; 24,30ff.; 26,14), zu Mäßigkeit beim Wein und Kneipengang (Spr 20,1; 21,17; 23,29ff.; Sir 31,30), zum Widerstand gegen die Verlockungen der leichtfertigen und fremden Frauenzimmer (Spr 2,16ff.; 5,3ff.; 6,24ff.; 7,5ff.; 23,27; 31,3), zu Selbstbeherrschung und Vermeidung von Raufereien (Spr 13,10; 15,18; 17,14; 20,3; 26,17.21; 30,33), neben all dem lag die Berufsausbildung normalerweise in der Hand der Väter. Sie führten ihre Söhne in die Geheimnisse der Arbeiten ein, mit denen sie sich und ihre Familien ernährten. Da die israelitische Gesellschaft eine Agrargesellschaft war, war der Beruf des Bauern am weitesten verbreitet.

Oft stoßen wir in den Sprüchen auf Menschen, die eine Landwirtschaft betrieben haben müssen, sich von Ackerbau (Spr 10,5; 12,11; 13,23; 20,4; 23,10; 22,28; 24,27.30ff.; 31,16) und Viehzucht (Spr 12,10; 14,4; 27,23–27) ernährten. Auch wenn die Angesprochenen selbst nicht mehr in der Landwirtschaft tätig waren, so wird diese doch als selbstverständlicher Anschauungs- und Lebenshorizont vorausgesetzt. Daher verwundert es nicht, daß der wahrscheinlich älteste (ca. 900 v. Chr.) bei Ausgrabungen gefundene Text in Gezer (Palästina) ein Bauernkalender ist. Die Tafel, auf der er steht, weist schwache Spuren noch früherer Buchstaben auf. Sie wurde also den uns noch bekannten Schiefertafeln entsprechend mehrfach verwendet. Das läßt die Vermutung zu, daß es sich bei dem Bauernkalender um eine Schreibübung handelt, mit welcher der Schreiber gleichzeitig die Reihenfolge der in der Landwirtschaft anfallenden Arbeiten memorierte.

Neben der Landwirtschaft werden aber auch Handwerk und Handel immer wieder in den Sprüchen erwähnt (Spr 11,1.26; 16,11; 20,10.14; 27,26; 28,8.16).

Der Weise war also nicht in erster Linie der Intellektuelle. Jeder,

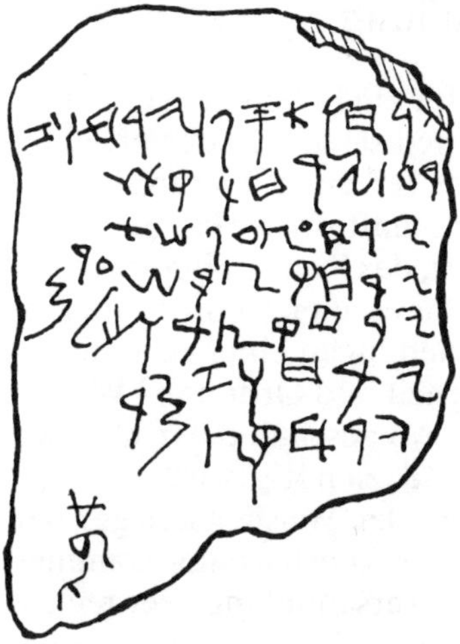

Abb. 3 Der Bauernkalender von Gezer

der sich auf sein Handwerk verstand, galt als weise. Ob das der Kupferschmied (1.Kön 7,14), Goldschmied, Steinschneider und Holzschnitzer (2.Mose 31,3ff.) oder die Spinnerinnen und Weberinnen waren (2.Mose 35,25), ihre Weisheit stand der der Regierungskunst Salomos (1.Kön 5) in nichts nach, denn diese war wie jene Weisheit von Gott (1.Kön 3,12; 2.Mose 31,3; 35,31). Bei Ackerbau und Viehzucht versteht sich das von selbst, daß der Sohn vom Vater die nötigen Kenntnisse empfing, indem er einfach nach und nach in den väterlichen Wirtschaftsbetrieb mit einbezogen wurde (1.Mose 34,7; 37,2.12; Ri 6,11; 1.Sam 11,5; 16,11; 17,15). Aber auch der Handwerker- und Musikantenstand war vorrangig Sache der Familientradition (1. Mose 4,20–22). Das Elternhaus mit seiner Verpflichtung zur Erziehung und Berufsausbildung war nach all dem Gesagten ein wichtiger, ja vielleicht sogar der entscheidende Ort der Ausbildung und Überlieferung einer verbreiteten Lebens- und Volksweisheit. Die in Generationen gewachsene Lebens- und Berufserfahrung wurde von den Eltern an die Kinder weitergegeben (Spr 4,1ff.). Und so war es eben auch die ältere Generation, die den Heranwachsenden an Erfahrung und Weisheit als überlegen galt (Hiob 12,12; 32,6f.), obwohl sich Weisheit nicht auf sie beschränkte.

Sicherlich können wir nicht davon ausgehen, daß alle Sprüche und Mahnreden in ihrer vorliegenden Form der Familien- und Sippenweisheit der Eltern entstammen. Diese wurde ja fast ausschließlich mündlich an die junge Generation weitergegeben. Mit ihrer Sammlung und schriftlichen Fixierung kam es bestimmt auch zu einer weiterführenden sprachlich-poetischen Bearbeitung des im Volksmund lebendigen Materials. Sammlung und Verschriftung waren in der Regel nicht mehr die Sache des Elternhauses. Wo dieses aber seine Erziehungsaufgabe wahrnahm, kann und muß es als eine der Wiegen der Weisheit angesehen werden.

Die Ratsversammlung

Der junge Mensch wurde aber nicht nur für ein Leben in der Familie erzogen. Diese war zwar die Primärgemeinschaft, in der er lebte, aber die Familien waren ihrerseits wieder Teil einer übergreifenden Sippen-, Stammes- und Siedlungsgemeinschaft. In der Familie hatte das Familienoberhaupt, der *pater familias*, das Sagen. Hier sorgte er für Religion, Recht und Ordnung. Wie war es aber, wenn es um Angelegenheiten ging, die die äußeren Beziehungen einer Familie betrafen, die sogenannte öffentliche Sicherheit und Ordnung? Wer regelte sie? Wer schlichtete Konfliktfälle? Wo geschah dies? Und wo konnte man sich in der Weisheit üben, die dazu nötig war?

Diese Fragen führen uns an einen Ort der Weisheitspflege, der noch viel zu wenig beachtet wird, den Rat der Ältesten eines Stammes oder einer Stadt beziehungsweise die Volksversammlung aller rechtsfähigen Männer dieser größeren politischen Einheit. Schon lange bevor es in Israel einen König gab, existierten diese Einrichtungen und nahmen öffentliche Verantwortung wahr. Ist es denkbar, daß der Ältestenrat nicht nur eine Stätte der Rechtspflege, sondern auch ein Ort der Pflege der Weisheit war? Die Verbindung von Weisheit und älterer Generation im Rahmen der häuslichen Erziehung legt das bereits nahe. Bedenkt man weiter, daß sich der Ältestenrat in der Regel in der Torpassage traf, einem imposanten Verteidigungssystem mit mehreren Kammern und Höfen, durch die allein der Zugang zu einer Stadt möglich war, und das in Friedenszeiten dem Handel, der öffentlichen Kommunikation und der Rechtssprechung diente, dann sollte uns das aufhorchen lassen. Denn nur der Weise wagte es, im Tor anläßlich der Versammlungen des Ältestenrates zu reden:

> »Zu hoch ist Weisheit für den Törichten;
> im Tor tut er seinen Mund nicht auf.« (Spr 24,7)

Selbst die Kinder eines Dummkopfes haben keinen Retter im Tor, keinen Vater, der ihr Fürsprecher sein könnte (Hiob 5,4), wenn sie in einen Rechtsfall verwickelt sind. Ein plastisches Bild vom Auftreten eines Weisen im Ältestenrat zeichnet das Hiobbuch. Hiob selbst stellt sich vor, indem er sein früheres Glück und sein Prestige, das er in der Öffentlichkeit besaß, schildert:

> 7 »Wenn ich hinaufging durch das Tor der Stadt
> und auf dem Marktplatz meinen Sitz einnahm,

8 sah'n mich die Jungen und versteckten sich,
die Greise standen auf und blieben stehen.
9 Die Fürsten hielten in der Rede inne
und legten auf den Mund die Hand.
10 Es hielt der Edlen Stimme sich zurück,
an ihrem Gaumen klebte ihre Zunge.
11 Es pries das Ohr, das es vernahm, mich glücklich,
es lobte mich das Auge, das es sah,
12 da ich den Armen rettete, der Hilfe rief,
die Waise auch, die keinen Helfer fand.
13 Der Segen des Verlorenen kam über mich;
der Witwe gab ich Freude in ihr Herz.
14 Gerechtigkeit trug ich als meine Kleidung,
mein Recht galt mir als Mantel und als Turban.«
(Hiob 29,7–14)

So also sah das Auftreten eines Weisen im Ältestenrat aus. Die Jünglinge wagten sich nicht vor, geschweige denn zu reden; die Alten zollten ihm ihren Respekt (V. 8). Zwei Dinge vor allem waren es, die ihm solches Ansehen verschafften: die Weisheit seiner Rede (V. 11, vgl. auch Hiob 29,21–25) und sein Einsatz für die Schwachen und Rechtlosen (V. 12–14). Und nicht zuletzt war wohl auch der Wohlstand diesem Ansehen dienlich (Hiob 29,6). Denn ein Weiser, der arm war, hatte es schwer, sich Gehör zu verschaffen (vgl. Koh 9,13 bis 16). Konnte er sich aber einer tüchtigen, in Haus und Wirtschaft erfahrenen Frau erfreuen, dann sah das ganz anders aus:

»Ihr Mann ist hochgeachtet an den Toren,
wenn er (zu Rate) sitzt mit den Landesältesten.« (Spr 31,23)

Selbst die weise und tüchtige Frau, die ihrem Mann zu öffentlichem Ansehen verhalf, wurde zum Gesprächsthema im Tor (Spr 31,31). Da kann es wohl kein Zufall sein, daß in den Gedichten von »Frau Weisheit« die Tore und öffentlichen Plätze der Stadt gerade die Orte waren, an denen sie ihre Stimme erhob (Spr 1,21; 8,2f.). Spiegelt sich in diesen späten nachexilischen Weisheitstexten noch ein lebendiges Wissen von der öffentlichen Weisheitspflege im Tor? Das wird wohl so sein, wenn wir bedenken, daß noch zur Zeit Jesus Sirachs (2. Jh. v. Chr.) die Weisen, die inzwischen einen eigenen Berufsstand bildeten, einen Ehrenplatz in der Ratsversammlung einnahmen, während es von den Angehörigen anderer Berufe heißt:

»Aber zur Volksversammlung werden sie nicht hinzugezogen,
und in der Gemeinde haben sie keine führende Stellung.
Sie sitzen nicht auf dem Stuhl des Richters,
und das Gesetz verstehen sie nicht.« (Sir 38,33)

Hier wird die enge Verbindung von Weisheitspflege und Rechtspflege noch einmal direkt ausgesprochen. Aber in dieser Spätzeit hatten sie sich verselbständigt und galten nicht mehr als Angelegenheit aller sozialen Schichten:

»Bildung und Urteilsfähigkeit offenbaren sie (Bauern und Handwerker) nicht,
und unter denen, die Spruchweisheit schaffen, sind sie nicht aufzufinden.
Sondern sie stützen das Werk der Welt,
und ihr Gebet richtet sich auf die Dinge ihres Gewerbes.«
(Sir 38,34)

Nach all dem ist es wohl kaum noch verwunderlich, wenn uns im Sprüchebuch auf Schritt und Tritt Sentenzen begegnen, die über Dinge reden, welche auch Gegenstand der Torgerichtsbarkeit gewesen sein dürften:

Die Weisen warnen vor Diebstahl und unrechtmäßigem Gewinn durch krumme Geschäfte (Spr 1,19; 10,2; 11,1.18; 13,11; 15,6.27; 16,8.11. u.ö.). Die Lüge und die falsche Zeugenaussage (Spr 6,19; 10,18; 12,17; 13,5; 14,5.25; 17,7; 18,8; 19,1.5.9.28; 24,28), Bestechung und Rechtsbeugung (Spr 17,8.15.23.26; 18,5.16; 21,14; 24,11.23ff.), unbedachte Bürgschaft (Spr 6,1ff.; 22,26f.; 27,13), unrechtmäßiges Verrücken der Ackergrenzen (Spr 15,25; 22,28; 23,10f.), Prozeßsucht (Spr 3,30; 25,8), alles das waren Dinge, die im alttestamentlichen Recht und in der Torgerichtsbarkeit zur Debatte standen (vgl. 2.Mose 20,15.17; 22,3f.24ff.; 23,1.6.7.8; 3.Mose 19,11.12.13.15.35f.; 5.Mose 16,18–20; 19,14; 27,17; 19,15ff.). Mord und Körperverletzung (Spr 1,11.16; 6,17; 12,6; 18,6; 23,29; 24,11; 28,17; 29,10), Ehebruch (Spr 2,16ff.; 5,3ff.; 6,24ff.; 11,16; 12,4; 22,14; 23,27) und noch eine ganze Reihe anderer Delikte könnten dem hinzugefügt werden. Über all dies hatten die Ältesten im Tor Gericht zu halten. Gesetzeskenntnis allein reichten damals wohl genausowenig aus wie heute, wenn der Wahrheitsfindung gedient werden sollte. Es galt, die Kunst der öffentlichen Rede zu beherrschen (Spr 8,6f.; 10,20f.; 12,19; 15,2.23; 16,21.23f.; 18,21; 20,15) und sich für das Recht der Armen und Geringen einzusetzen (Spr 14,31; 21,13; 22,16.22f.), die nicht für sich selber sprechen konnten:

> »Mache auf deinen Mund für den Stummen,
> für den Rechtsanspruch aller Schwachen;
> Mache auf deinen Mund, entscheide gerecht,
> und schaffe Recht dem Bedrückten und Armen!«
>
> (Spr 31,8–9)

Das Auftreten Hiobs, die Bemerkungen Jesus Sirachs, die vielfältigen Verbindungen zwischen Weisheit und Recht, alles das weist darauf hin, daß neben dem Elternhaus das Tor, die öffentliche Ratsversammlung der Ältesten, einer der Orte war, an dem Weisheit gebraucht und gepflegt wurde. Wo sonst, wenn nicht hier, wurde die junge Generation in die Führung der öffentlichen Angelegenheiten einer Stadt eingewiesen? Selbst noch stille Beobachter, die es nicht wagten, das Wort zu nehmen (Hiob 29,8), konnten die jungen Männer studieren, was geschliffene Rede des Weisen vermochte, wie er zu argumentieren und zu überzeugen verstand, seine Worte gefällig wählte (Spr 13,3; 15,23), sich nicht hinreißen ließ zu überhitztem Gerede (Spr 17,27). Hier konnten die Jünglinge selbst sehen, wohin es führte, wenn man vom rechten Weg abwich, die Ethik der Weisheit verachtete. Die Toren, die Betrüger, die Streitsüchtigen, die Ehebrecher, die Gewalttäter, die Faulen, alle die, vor deren Wegen die Weisheit warnte, die standen da öffentlich im Gericht. Und die Gemeinschaft hatte sich zu ihnen zu verhalten, sich vor ihnen zu schützen. Dazu war eine gewaltige Portion an Lebenserfahrung und Lebensweisheit notwendig. Wo konnte man diese besser sammeln und sich mit ihr vertraut machen als am Ort des Geschehens selbst, dort, wo sie im Gebrauch war? So hatte die Torgerichtsbarkeit immer auch eine pädagogische Funktion. Wie sich der Weise öffentlich bewährte, sein und anderer Leben erhielt, und wie der Tor versagte und sich ums Leben brachte, wie der Gerechte Bestand hatte, aber der Frevler unterging, dafür bot die Torgerichtsbarkeit einen öffentlichen Anschauungsunterricht für die junge Generation.

Schulen?

Die Weisheit, die im Elternhaus und Ältestenrat ihren Ort hatte, muß man wohl im eigentlichen Sinne als Volksweisheit bezeichnen.

Zu ihr hatte jeder Zugang, in ihr konnte jeder sich üben. Sie war öffentlich und allgemein! Gab es aber nun darüber hinaus noch Pflegestätten der Weisheit, die nicht allgemein zugänglich waren, die nur wenigen, vielleicht einer kleinen Bildungsschicht offenstanden? Wo zum Beispiel lernte man in Israel Lesen und Schreiben? Wer sammelte die Volksweisheit, schrieb sie auf, stellte sie in Spruchsammlungen zusammen, deutete sie? Geht man diesen Fragen nach, so stößt man bald auf das viel verhandelte Thema, ob es im alten Israel Schulen gab oder nicht. Mit der Frage der Existenz von Schulen wird dann häufig die weiterführende Frage verbunden, ob diese ein Ort der Weisheitspflege gewesen sein könnten.

Die Institution Schule wird im Alten Testament an keiner Stelle erwähnt, sei es nun als Beamtenschule am Hof des Königs oder als Tempelschule für den Priesternachwuchs. Erst im Sirachbuch, in dem – wie wir sehen konnten – die Weisen einen eigenen Berufsstand bildeten, lädt dann die Weisheit auch in ein »Lehrhaus« ein (Sir 51,23). Dieser Sachverhalt ist verwunderlich, da wir aus dem alten Ägypten, aus Sumer und auch aus der Palästina nahegelegenen nordsyrischen Stadt Ugarit relativ gut über das Schulwesen unterrichtet sind. So läßt uns ein im Zweistromland weitverbreiteter sumerischer Text einen Blick in das Innere einer antiken Schule (= Tafelhaus) und das Herz eines Schülers werfen:

»›Sohn des Tafelhauses (= Schüler), wohin bist du seit langen Tagen gegangen?‹
›Ich bin in das Tafelhaus gegangen.‹
›Was hast du im Tafelhaus gemacht?‹
›Ich habe meine Tafel gelesen, habe mein Frühstück gegessen, habe meine Tafel gemacht, sie beschrieben, sie zu Ende geschrieben, und
sie haben mir meine *mugubba* (= Lektion?) aufgegeben,
haben mir am Spätnachmittag mein *šu(gubba)* aufgegeben.
Nachdem das Tafelhaus schloß, bin ich nach Hause gegangen,
bin in das Haus eingetreten – mein Vater ist dagesessen.
Ich habe meinem Vater mein *šu(gubba)* vorgesprochen,
ihm meine Tafel vorgelesen – mein Vater war (damit) zufrieden. ...
Nachdem ich am frühen Morgen aufgestanden bin,
habe ich meine Mutter angeschaut und
›Gib mir mein Frühstück,

ich will in das Tafelhaus gehen‹, habe ich zu ihr gesagt.
Meine Mutter hat mir zwei (?) Brote aus dem Backofen gegeben, und ich habe vor ihren Augen meinen Durst gelöscht.
›Gib mir mein Frühstück!‹
Ich bin zum Tafelhaus gegangen.
Im Tafelhaus sagte der ›Mann vom Dienst‹ (= Torhüter) zu mir:
›Warum bist du (zu) spät gekommen?‹
Ich habe Angst bekommen, mein Herz klopfte,
Ich bin vor den ›Meister‹ (= Lehrer) getreten, er (wies) mir meinen Platz an,
mein ›Vater des Tafelhauses‹ (= Lehrer) hat meine Tafel gelesen, er ist darüber ... (zornig?) geworden, hat mich geschlagen.‹« (Übersetzung nach *A. Falkenstein*, S. 17)

Schulalltag vor 4000 Jahren! Bis auf den inzwischen abgeschafften Stock läßt sich mit Kohelet sagen: »Nichts Neues unter der Sonne« (Koh 1,9)!

Auch aus Ägypten sind wir über die Schule und die Ausbildung des Schreiberstandes gut informiert.

Das alte Israel aber ist uns bis zum heutigen Tage unanfechtbare Beweise für die Existenz von Schreiberschulen schuldig geblieben.

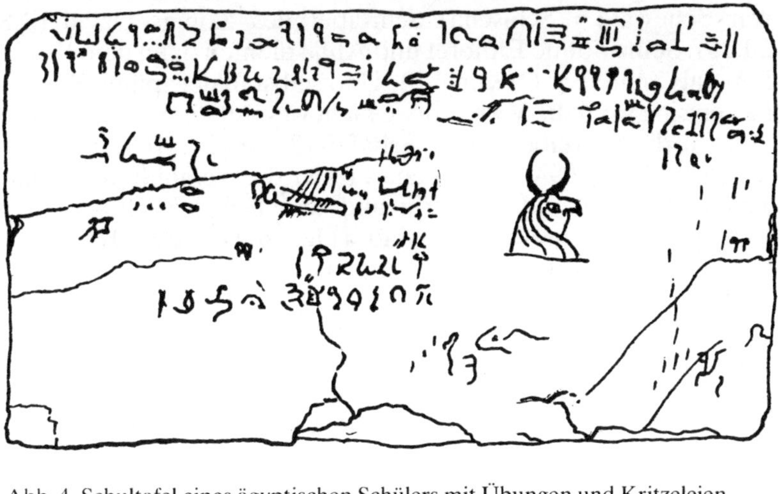

Abb. 4 Schultafel eines ägyptischen Schülers mit Übungen und Kritzeleien (2. Jahrtausend v. Chr.)

Die auf Tonscherben (Ostraka) geschriebenen Alphabete aus Lachisch oder Kuntilet 'Ajrud (Nordsinai) (vgl. dazu *B. Lang*, Schule, S. 104–119) sind noch kein Beweis für existierende Schulen. Es ist ebenso denkbar, daß in einer bestimmten Führungsschicht Lesen und Schreiben zur häuslichen Erziehung durch den Vater gehörten. Die aus 22 Buchstaben bestehende hebräische Alphabetschrift war ja wesentlich einfacher und auch schneller zu erlernen als die komplizierten Schriftsysteme Ägyptens oder Babylons. Bedenkt man weiter, daß das Zweistromland und Ägypten im 2. Jahrtausend bereits eine hochentwickelte Kultur mit gut durchorganisierten staatlichen Strukturen besaß, während Israel aus einer schriftlosen halbnomadischen Lebensweise hervorging, dann ist für die Frühzeit Israels ohnehin nicht mit der Existenz von Schulen zu rechnen. Erst nachdem Israel Zugang zur kanaanäischen Stadtkultur fand und sich in einem eigenen Staatswesen mit einem König organisierte, sind Schulen zur Ausbildung von Schreibern und Beamten denkbar.

Wahrscheinlich hat man sich in Israel noch sehr lange mit einem Magister-Famulus-System beholfen, dem bis in die Gegenwart noch lebendigen Berufsausbildungssystem von Meister und Lehrling. Ein erfahrener Beamter oder Schreiber nahm sich einen oder auch mehrere Lehrlinge, um sie in die Kniffe und Geheimnisse seines Berufes einzuweihen. In der Regel werden das seine Söhne gewesen sein, so wie auch sonst die Berufsausbildung in der Hand der Väter lag. So war Schewa (= Schischa) Schreiber des Königs David (2.Sam 20,25). Seine Söhne Elihoref und Ahija dienten dann dem König Salomo als Schreiber (1.Kön 4,3). Und selbst in der späten Königszeit hatten sich wohl die Verhältnisse nicht wesentlich verändert. So kennen wir die Schreiberfamilie Schafan (2.Kön 22,3ff.), die dem König Josia (640–609 v. Chr.) diente. Es wird uns erzählt, daß Schafans Söhne Ahikam und Gemarja und sein Enkel Michaja am judäischen Hof als Schreiber tätig waren (Jer 26,24 und 36,9ff.). Schließlich ist direkt von »Schreibersippen« aus Japez die Rede (1.Chr 2,55).

So haben wir uns die Entwicklung für Israel etwa folgendermaßen vorzustellen. Am Anfang standen häusliche Erziehung und Bildung. Die Tatsache, daß in den ägyptischen und babylonischen Schulen der Schüler als »Sohn« und der Lehrer als »Vater« bezeichnet werden konnten, ist ein deutlicher Hinweis darauf, wo das Bildungswesen im Alten Orient seinen Ausgang nahm. Selbst heute sprechen wir immer noch vom »Doktor-Vater«! Dabei kann in Familien, die im Dienste der königlichen Verwaltung standen oder sich dem Handel verschrieben hatten, ein Elementarunterricht im Lesen und Schreiben durchaus mit zu der häuslichen Berufsausbildung gehört haben. Zusätzlich zur Familienausbildung bestand die Möglichkeit, sein Kind in die Hände eines Magisters zur Ausbildung zu geben. Das wissen wir von Samuel, der im Hause des Priesters Eli in Schilo in die »Priesterlehre« ging (1.Sam 1,24ff.; 2,18f.). Ob sich aus diesen Bildungsmöglichkeiten noch in vorexilischer Zeit ein durch Staat (Königshof) und Tempel organisiertes Schulwesen entwickelte, Beamten- und Priesterschulen, was zum Lehrstoff solcher Schulen gehört haben könnte, ob gar Teile des Sprüchebuches (Spr 1–9?) oder das Buch Kohelet (Koh 3,2ff.) als Lehr- und Unterrichtsmaterial dienten, ob sich hinter den Vater-Sohn-Sprüchen (Spr 3,11; 4,1; 6,1) eigentlich Lehrer-Schüler-Sprüche verbergen, alles das läßt sich vermuten, aber nicht mit Sicherheit erweisen. So läßt sich wenigstens für das Israel der vorexilischen Zeit die Schule nicht mit Gewißheit als Ort der Weisheitspflege benennen. Dagegen läßt sich sagen, daß es Familientraditionen gab, die von Generation zu Generation weitergegeben wurden, zu denen dann auch für den »erblichen« Priester- und Beamtenstand die Lese- und Schreibkunst gehörten und eine bestimmte Bildungsweisheit. Zuweilen konnte man sogar als Außenstehender in solch einer Familie Aufnahme finden, um an ihrer Bildung zu partizipieren. Wie weit sich in Israel ein Alphabetisierungsprogramm verbreitete und wie groß eine damit sich herausbildende Bildungsschicht war, die überhaupt ein literarisches Interesse an der Weisheitspflege haben konnte, darüber lassen sich allenfalls Spekulationen anstellen.

Der Königshof

Was spielte die Königin von Saba mit Salomo anläßlich ihrer Staatsvisite in Jerusalem? Rätselraten! Sie stellte ihn mit Rätseln auf die Probe (1.Kön 10,1–13). Das verschaffte ihr Gelegenheit, sich über die außerordentliche Weisheit des Königs zu verwundern (V. 4.6–8), der ihr keine Antwort schuldig blieb (V. 3). Und sie vergaß auch nicht, diejenigen glücklich zu preisen, die sich als seine Untergebenen ständig in der Nähe Salomos und damit im Kraftfeld seiner Weisheit aufhalten durften. Der ganze Duktus dieser volkstümlichen Erzählung setzt voraus, daß die Weisheit am Hofe Salomos einen hohen Stellenwert hatte und keineswegs nur auf die herausragenden Ereignisse einer Staatsvisite beschränkt war. Damit werden außerdem die Hinweise bestätigt, nach denen Salomo nicht nur selbst als überaus weise galt, sondern auch aktiv an der Entwicklung und Pflege der Weisheit beteiligt war (1.Kön 3,12; 5,9–14). Dabei diente ihm die Weisheit nicht ausschließlich dazu, im geistigen Spiel des Rätselratens seine Klugheit unter Beweis zu stellen; diese war ihm nicht nur ein Denksport, sie erschöpfte sich auch nicht allein in der Inventarisierung der Umwelt oder im Sprachspiel der Spruchdichtung. Die Weisheit kam ihm vielmehr bei seinen schwierigen Regierungsgeschäften ganz besonders zu Hilfe. So mußte er als König sicherlich nicht selten richterliche Funktionen in komplizierten Rechtsfällen wahrnehmen, wie etwa beim Streit zweier Huren um einen ihrer Söhne, der am Leben geblieben war (1.Kön 3,16–28). Die Erzählung schließt ausdrücklich mit dem Vermerk:

> »Und ganz Israel hörte von dem Urteil, das der König gefällt hatte, und bekam Ehrfurcht vor dem König, denn man sah, daß göttliche Weisheit in ihm war, um Recht zu sprechen.«
> (1.Kön 3,28)

Das entspricht exakt dem Idealbild des künftigen Friedenskönigs, das der Prophet Jesaja entwirft:

> »Aus Isais Stumpf aber sproßt ein Reis
> und ein Schößling bricht hervor aus seinem Wurzelstock.
> Auf ihm ruht der Geist JHWHs:
> der Geist der Weisheit und des Verstandes,
> der Geist des Rates und der Stärke,
> der Geist der Erkenntnis und der Furcht JHWHs ...
> Nicht richtet er nach dem Augenschein,
> noch fällt er sein Urteil nach dem Hörensagen.
> Sondern er richtet die Geringen in Gerechtigkeit
> und entscheidet in Geradheit über die Armen des Landes.
> Er schlägt den Gewalttätigen mit dem Stab seines Mundes
> und tötet den Frevler mit dem Hauch seiner Lippen.«
> (Jes 11,1–4)

Auch hier ist die Funktion der Weisheit im Bereich der Rechtssprechung unübersehbar. So wie schon in der Torgerichtsbarkeit, so hatte sie auch ihren Ort im königlichen Justizvollzug. Davon zeugt schließlich die Spruchweisheit selbst immer wieder:

»Was von des Königs Lippen kommt, ist Gottesspruch:
so verfehlt sein Mund sich nicht, wenn er Recht spricht.«
(Spr 16,10)

»Begehen von Frevel (muß) der Könige Abscheu (sein);
denn durch Gerechtigkeit hat der Thron Bestand.«
(Spr 16,12)

Wenn der König zur Führung seiner Amtsgeschäfte derartig der Begabung mit Weisheit bedarf, ja der Bestand seiner Herrschaft und seines Landes davon abhängen (Spr 8,15; 14,28; 20,28; 25,5; 29,4.14), dann muß die Einübung in die Weisheit bei der Prinzenerziehung eine erhebliche Rolle gespielt haben. Aus der Weisheit der Nachbarn Israels ist uns das längst bekannt. So ist die Lehre für Merikare aus dem alten Ägypten (ca. 2100 v. Chr.) das Vermächtnis eines weisen Königs an seinen Sohn, ebenso die Lehre des Amenemhet (um 2000 v. Chr.). Jedenfalls sind sie als solche stilisiert.

Nun hat aber nicht nur der König sich selbst in Weisheit geübt, sondern er wird in seiner näheren Umgebung immer Beamte und Ratgeber gehabt haben, die ebenfalls als weise galten. Da mag man vor allem an das Amt des Schreibers denken (2.Sam 8,17; 20,25; 1.Kön 4,3; 1.Chr 18,16), den man sich keineswegs nur als technische Kraft vorstellen darf. Er zählte zu den Spitzenbeamten des Königs (2.Kön 18,18.37; 19,2) und bekleidete wahrscheinlich die Funktion des Finanzministers (2.Kön 12,11; 22,3ff.). Und daß der König nicht nur einen Schreiber in seinem Beamtenstab beschäftigt haben wird, geht aus Jes 10,1; 33,18 hervor. Danach verfügten die Schreiber über eine Machtstellung, die sie nicht nur zum Wohl der Allgemeinheit, sondern auch zur Rechtsbeugung in der Sache der Armen, Witwen und Waisen mißbrauchen konnten (vgl. Jer 8,8).

Abb. 5 Der Hoferzieher Senenmut mit der Prinzessin Nofru-Re auf seinem Schoße

Neben den Schreibern hatte der König seine Ratgeber (1.Kön 9,22; 15,18; Esra 7,14.15.28; 8,25). Sich mit klugen Ratgebern zu umgeben und einen Rat anzunehmen galt als Zeichen der Weisheit (Spr 11,14; 12,15; 19,20). Und wie sehr Macht und Ohnmacht eines Monarchen in der Hand seiner Ratgeber liegen können, davon vermittelt uns die Erzählung von den Ratschlägen Huschais und Ahitofels im Zusammenhang des Absalomaufstandes gegen David einen lebendigen Eindruck (2.Sam 16,15–17,23; vgl. auch 1.Kön 12,6 bis 11). Das der Weisheit entsprechende Verhalten vor dem König ist deshalb auch immer wieder ein Thema der Sprüche:

> »Des Königs Wohlgefallen (gehört) dem Diener,
> der Einsicht beweist;
> sein Zorn aber trifft den schändlichen.« (Spr 14,35)

Einige der Sprüche werden ihren unmittelbaren Ort in der Beamtenausbildung gehabt haben (Spr 16,13.14; 19,12; 20,2; 22,29; 24,21f.; 25,6f.; Koh 8,2ff.; 10,20).

All diesen Hinweisen läßt sich entnehmen, daß der Königshof eine wichtige Stätte der Weisheitspflege gewesen ist. Der König selbst bedurfte der Weisheit als Gottesgabe, um seinen Geschäften gewachsen zu sein, und er bedurfte der weisen Ratgeber und Schreiber, die ihm zur Seite standen. Wenn daher das Sprüchebuch und das Buch Kohelet dem weisen Salomo zugeschrieben wurden, dann mag sich dahinter die authentische Erinnerung verbergen, daß dieser König tatsächlich den Hof zu einer Stätte der Weisheitspflege gemacht hat. Bereits David, Salomos Vater, wurde wegen seiner Weisheit bewundert (2.Sam 14,20) und galt schon in seiner Jugend als musisch gebildeter Mann, der neben dem Harfenspiel auch über eine besondere Rednergabe verfügte (1.Sam 16,18). Hier, am Hof, gab es ein Klima der Weisheit, das den musischen und literarischen Interessen entgegenkam. Und noch lange nach Salomo blieb dieses Klima wirksam. So kommt der Königshof in ganz besonderer Weise als der Ort in Frage, an dem die in Sprüchen und mündlicher Form umlaufende Weisheit des Volkes gesammelt und verschriftet wurde (Spr 25,1). Und es versteht sich von selbst, daß sich die wohlhabende Oberschicht an diesem Bildungsideal orientierte. Mit dem Aufkommen des Königtums büßten die Ältesten vorübergehend wohl auch einen Teil ihrer Machtpositionen ein. Andererseits gab es für sie im Falle der Bejahung der neuen gesellschaftlichen Ordnung auch einen erheblichen Prestigegewinn, wurden sie wenigstens in den Hauptstädten Jerusalem und Samaria zu den Vertretern der neuen wohlhabenden und königstreuen Oberschicht (2.Kön 10,1.5), die in den Beamtenapparat aufrückte und Ratgeberfunktionen übernahm (Jes 3,2; 9,14; Ez 7,26).

Abb. 6 Ägyptische Schreiber um 1350 v. Chr.

Diese gesellschaftlichen Umschichtungen führten wohl auf ganz natürlichem Wege zu einer gegenseitigen Durchdringung von Traditionen der Volksweisheit mit der sich im Schatten des Königs entfaltenden Bildungsweisheit. So blieb das literarische Interesse der Bildungsweisheit sicherlich nicht auf den Königshof beschränkt, sondern erfaßte schon bald breitere Kreise.

Kapitel V

Themen der Weisheit

Auf dem Weg durch die Sprachformen und die Orte der Weisheit haben wir bereits eine Menge von dem erfahren, was die Weisen bewegte. Haus und Hof, Handel und Wirtschaft, Mensch und Tier, Eltern und Kinder, Leib und Seele, Rechtssprechung und Heereswesen, Herren und Knechte, Reden und Schweigen, Armut und Reichtum ... Es gibt kein Feld der Wirklichkeit, das den Weisen zu unbedeutend gewesen wäre. Alles konnte mit ihrer Aufmerksamkeit rechnen, wurde von ihnen beobachtet, registriert, inventarisiert, in seiner Besonderheit und seiner Vergleichbarkeit geortet und ihrem Erfahrungsschatz einverleibt. Gab es nun in dieser unauslotbaren Welt der Weisen Strukturen, Ordnungen, Regeln, die es herauszufinden und zu beachten galt?

»Wer eine Grube gräbt ...«

Eine Hauptregel des weisheitlichen Denkens wird erkennbar, wenn wir die Geschichte eines Spruches verfolgen, der bis in unsere Tage im Volksmund lebendig geblieben ist:

> »Wer eine Grube gräbt, kann in sie hineinfallen.«
>
> (Spr 26,27 a)

Hier handelt es sich um ein weitverbreitetes Volkssprichwort, das uns in dieser Form auch im alten Ägypten, im Weisheitsbuch des Anch-Scheschonki begegnet. Das Sprichwort stellt einen Zusammenhang zwischen dem Tun eines Menschen und seinen möglichen Folgen her. An diesem Zusammenhang waren die Weisen durchweg interessiert. Man hat ihn als das »Tat-Folge-Denken« der Weisheit oder den »Tun-Ergehen-Zusammenhang« bezeichnet. Weisheit verstand sich danach nicht als Grundlagenwissenschaft in dem Sinne, daß ihr Effekt nur von sekundärem Interesse gewesen wäre. Sie wollte zu unmittelbarer Handlungs- und Lebenskompetenz anleiten. Und dazu gehört es, daß man die Folgen seines Handelns, soweit das möglich ist, immer mit im Blick behält. Das einfache, diesen Grundsatz benennende Sprichwort wurde dann zu einem parallel gebauten Kunstspruch erweitert, der zusätzliche Assoziationsräume erschließt:

> »Wer eine Grube gräbt, kann in sie hineinfallen;
> und wer einen Stein hochwälzt, auf den rollt er zurück.«
>
> (Spr 26,27)

Man kann dieses erweiterte Sprichwort jetzt als Illustration zum Gravitationsgesetz lesen. Eine tiefer gelegene Grube hat die unangenehme Eigenschaft, daß man in sie hineinfallen kann, ein hochgewälzter Stein rollt, findet er keinen festen Halt, wieder herab. Beide Satzhälften sind bei dieser Leserperspektive von einem Zug in die Tiefe (hineinfallen-herabrollen) bestimmt. Bezieht man allerdings den Menschen als das Subjekt des Tuns mit in die Interpretation ein, ohne nur die Objekte seiner Handlungen (Grube – Stein) zu berücksichtigen, dann ergibt sich sofort eine verblüffende neue Zuspitzung der Aussage, die die naturgesetzliche Illustration übersteigt. Im Blick auf den Täter ist nämlich der Kontrast beider Satzhälften zu beachten: Grube, tief hinab – Stein, hoch hinaus! Was der Mensch auch versucht, ob er tief in die Erde will oder hoch hinaus, immer muß er damit rechnen, daß ihn die Folgen seines Tuns einholen. Mit der Veranschaulichung der Gravitation wird eine menschliche Haltung verknüpft, die des Tiefenjägers und des Himmelstürmers. Ist da nicht eine unausgesprochene Mahnung mitzuhören? Wer zu tief hinab oder zu hoch hinaus will, der sollte an die Folgen denken! Auf diese Weise verbindet sich mit der nüchternen Beobachtung die Empfehlung zu vorsichtiger Maßhaltung: Wolle nie zu hoch hinaus, grabe nie zu tief nach, du könntest dich dabei schädigen. An diese Sinnvariante knüpft die Wiederaufnahme des Spruches in Koh 10,8f. an, hier allerdings in einer anderen Kombination:

> »Wer eine Grube gräbt, kann hineinfallen;
> und wer eine Mauer einreißt, den kann die Schlange beißen.
> Wer Steine bricht, kann sich an ihnen wehtun;
> wer Hölzer spaltet, muß sich dabei in acht nehmen.«

Wieder werden durch eine Erweiterung mehrere menschliche Handlungen einander zugeordnet. Die neue Zuordnung führt zu einer Sinnerweiterung des Grubenspruches. Hier geht es zusätzlich um die Erkenntnis, daß der Eingriff in Geordnetes, Gesetztes, Gewachsenes (Erde, Mauer, Stein, Holz) für den Menschen nicht ohne Gefahren ist. Denn das Gesetzte ist nicht allein sein Lebensraum, sondern auch der der Mitkreatur (Schlange), in den er mit dem Abriß einer Mauer empfindlich eindringen kann. Die Folgen dieses Eingreifens in gewachsene und geschaffene Ordnungen sind nicht ohne Risiko, sie können auf den Täter zurückschlagen. Die feine Beobachtung, daß sich Schlangen gerne in den Spalten der lose gesetzten Mauern aufhalten, die von der Sonne wie ein Wärmespeicher aufgeheizt sind, wird hier zum Gefahrenhinweis.

Die nächste Station des Spruches liegt in Spr 28,10 vor. Die bisherigen Fassungen hatten die Beziehung Mensch – natürliche Umwelt nicht moralisierend im Blick. Sie wollten auf die Folgen des Eingreifens in gewordene Ordnungen aufmerksam machen. Jetzt aber wird das alte Sprichwort in den Zusammenhang zwischenmenschlicher Vorgänge gestellt:

> »Wer Redliche auf bösen Weg verführt,
> fällt selbst in seine Grube;
> den Schuldlosen aber wird Gutes zuteil.«

Die Ethisierung des Sprichwortes ist unübersehbar. Jetzt steht es nicht mehr im Vordersatz, sondern im Nachsatz. Es dient damit zur Illustration eines Vorganges auf einer anderen, eben der zwischenmenschlichen Ebene. Der Verführer von Rechtschaffenen soll entlarvt und gewarnt werden. Die Tiefe, in die er andere hinabreißt, wird ihn selbst verschlingen. Das Sprichwort wurde hier durch zwei kleine Zusätze leicht verändert. Es weist darauf hin, daß der Täter selbst es sein wird, der in die Grube fällt, daß es also nicht nur die anderen trifft. Und es macht deutlich, daß die von ihm gegrabene Grube (= böser Weg) von Anfang an auch die für ihn bestimmte, eben seine Grube ist, in der er den Untergang findet. Das Tat-Folge-Gesetz funktioniert demnach nicht nur auf der Ebene Mensch – natürliche Umwelt, sondern auch auf der Ebene Mensch – Mitmensch. Schließlich wurde der Doppelzeiler noch zu einem Dreizeiler ausgebaut, der an dem bisher Gesagten keinen Zweifel läßt, denn dem Rechtschaffenen wird es gut ergehen. In diesem auf die zwischenmenschliche Ebene übertragenen Sinn hat das Sprichwort dann immer wieder in der alttestamentlichen Ethik einen Platz gefunden (Spr 28,18; Ps 7,16; 57,7). Der Täter wird nicht nur vor den möglichen Folgen seines Tuns gewarnt, er wird auch nicht nur zur Beachtung eines heilsamen Mittelmaßes angehalten. Vielmehr wird das Graben einer Grube jetzt ganz klar moralisch disqualifiziert.

Alle Sinnvarianten miteinander verbindend, wird Spr 26,27a schließlich noch einmal von Jesus Sirach aufgenommen. Stufenweise legt es offen, wie die Macht des Bösen ins Rollen kommt.

> »Wer einen Stein hochwirft, trifft sich selbst auf den Kopf,
> und wer hinterhältig schlägt, verwundet sich selbst.
> Wer eine Grube gräbt, fällt in sie hinein,
> und wer eine Falle stellt, fängt sich in ihr.
> Wer Böses tut, auf den rollt es zu,
> und er weiß nicht, woher es kommt.« (Sir 27,25–27)

Der geworfene Stein fällt auf mich selbst zurück, der hinterhältige Schlag trifft den Schläger. Die Grube wird zur Fallgrube, so wie die Falle, das Symbol menschlicher List. Und am Ende steht schließlich das Böse, das ich in Gang gesetzt habe und mich nun selbst erfaßt. Es überrollt mich wie eine dunkle, unberechenbare Macht, mit der ich andere zu überrollen trachtete.

Die nachbiblische Wirkung des Grubenspruches ist bekannt. In ihr wird der auf die Mensch-Mitmensch-Ebene gehobene Sinngehalt durch Hinzufügung eines einzigen Wörtchens auf den Punkt gebracht:

> »Wer *andern* eine Grube gräbt, fällt selbst hinein.«

Hinter diesen anderen verbergen sich alle, die in Spr 28,10.18; Ps 7,16; 57,7; Sir 27,25ff. als mögliche Opfer der Gewalttätigen, Verführer und Hinterlistigen in Frage kommen.

Wer aber glaubt, damit seien die Möglichkeiten des Spruches endgültig ausgeschöpft, der irrt. *Karl Kraus*, dem Meister des Aphorismus, ist es gelungen, mit nur einem einzigen zusätzlichen Buchstaben den Sinn des Ganzen noch einmal auf den Kopf zu stellen:

> »Wer andern *k*eine Grube gräbt, fällt selbst hinein.«
> (Aphorismen, S. 17)

Damit wird das System der sittlichen Werte, das hinter den anderen Varianten des Spruches erkennbar wurde, radikal in Zweifel gezogen. Daß das Böse auch wirklich den Täter des Bösen trifft, daß es also eine Art ausgleichender Gerechtigkeit gibt, das bestreitet *Kraus* mit galligem, schwarzem Humor, hinter dem das Grauen und das Entsetzen gähnt. In einer Welt der Wölfe geht unter, wer das Lamm spielt und nicht selbst zum Wolf wird. *Salcia Landmann* hat diese Art des schwarzen Humors sehr einfühlsam und treffend beschrieben: »Er ist an den jüdisch-christlichen Monotheismus und dessen Zerfall gebunden. Er ist die unheimlichste Form, das Problem der Theodizee – der Frage nach dem Bösen in einer gottgeschaffenen Welt – aufzuwerfen« (Witz, S. 16). Damit stehen wir an der Grenze und vor dem besonderen Problem des Denkens im Tun-Ergehen-Zusammenhang. Findet die gute Tat auch wirklich ihren Lohn, die Untat ihre Strafe? Wer wacht über der Einhaltung dieses Zusammenhangs? Hat Gott etwas mit dem Tat-Folge-Denken zu tun? Die Bücher Hiob und Kohelet setzen sich eigens mit diesen Fragen auseinander. Doch bevor wir ihren Aussagen nachspüren, müssen einige Beobachtungen über Reichweite und Gültigkeit des Tat-Folge-Denkens mitgeteilt werden.

Guter Anfang – böses Ende?

> »Manchmal dünkt einem Manne ein Weg als der rechte;
> sein Ende aber sind Wege zum Tode.« (Spr 14,12, vgl. 16,25)

Kein Spruch ist dazu in der Lage, das Ganze der erfahrbaren Wirklichkeit abzudecken. Auch die Sprüche nicht, die den Zusammenhang von Tun und Ergehen beschwören. Denn auch das wurde tausendfach erfahren: Da gibt sich einer redliche Mühe, krumme Wege zu meiden und geht nach bestem Wissen und Gewissen einen aufrichtigen Weg. Am Ende aber ist er geradewegs in den Tod gestolpert. Ist es angesichts solcher Erfahrungen nicht absurd, von einem Zusammenhang zwischen Tun und Ergehen zu sprechen? Steht hier nicht Erfahrung gegen Erfahrung? Und ist damit nicht die Weisheit der Weisen am Ende? Hat die Erfahrung sie nicht selbst widerlegt, diese neunmalklugen Mahner der Sittlichkeit mit ihrem »dogmatischen Optimismus«? Wo bleibt denn der Lohn der Gerechten? Wo die Strafe der Halunken?

Zunächst einmal können wir davon ausgehen, daß die Weisen Israels solche widersprüchlichen und schmerzlichen Erfahrungen nicht einfach ignoriert haben. Im Gegenteil, die Wirklichkeit wurde nicht schöngefärbt, es wurde kein amtlicher Optimismus verordnet, die Widersprüche wurden weder in den Köpfen noch in den Büchern getilgt. Sie wären keine Weisen gewesen, wenn sie vor einem Teil der erfahrbaren Wirklichkeit die Augen verschlossen hätten. Denn auch das gibt es:

»... beim Lachen hat Schmerz im Herzen Platz,
und das Ende der Freude ist Kummer.« (Spr 14,13)

Wieder wird hier eine Erfahrung formuliert, die den Mechanismus Tun – Ergehen kritisch anfragt. Die menschliche Psyche ist komplizierter, abgründiger als die zu beobachtende Regel. Zwar wußten die Spruchdichter –

»Ein fröhliches Herz befördert die Gesundheit;
doch ein gedrücktes Gemüt zehrt den Körper aus.«
(Spr 17,22, vgl. 12,25; 14,30; 15,13.30)

– aber das galt nicht absolut! Es gibt Stunden, da kann das Lachen ein Ausdruck letzter Verzweiflung sein. Und die Freude wirkt nicht nur Freude, sie kann auch in jähem Erschrecken enden. So setzten die Spruchdichter Erfahrung neben Erfahrung, ließen beide gelten und nahmen sie in ihre Spruchsammlungen auf. Ja, auch das kommt vor, daß ein positives Tun (ein Gehen gerader Wege) negativ endet (Wege des Todes!). Es kommt vor, daß sich Gerechtigkeit schlecht auszahlt, Ungerechtigkeit dagegen großen Gewinn macht (Spr 16,8). Es gibt Korruption – und das mit Erfolg (Spr 17,8)! Es gibt rechtschaffene Eltern, die mit törichten Kindern geschlagen sind (Spr 17,21.25).

Die Weisheit der Weisen besteht zunächst einmal darin, daß sie diese Widersprüche klar erkannt, deutlich benannt und ausgehalten haben. Sie haben ihre Erfahrungen nicht auf ein Dogma, auf Eindimensionalität hingetrimmt. Und obwohl sie allein durch das Benennen der absurden, schmerzlichen Erfahrungen ihren Hörern zu verstehen gaben, daß rechtes Tun keine Erfolgsgarantie kennt, wäre es äußerst unklug gewesen, die beobachteten Zusammenhänge zwischen Tat und Folge der Negativerfahrungen wegen zu leugnen und für nichtig zu erklären. Denn in vielen Lebensbereichen gilt ja nach wie vor die Faustregel:

»Kein Unheil widerfährt dem Gerechten;
aber die Frevler sind voll Unglück.« (Spr 12,21)

Immer wieder erfahren Menschen, daß ein gerechtes, der Gemeinschaft angemessenes Verhalten sie selbst vor Mißgunst, Bosheit und Unheil bewahrt. Der Frevler hingegen, der auf Kosten der Gemeinschaft lebt, scheitert auch heute noch häufig. Das ist nicht nur auf der Ebene Mensch – Mitmensch, Individuum – Gesellschaft zu beobachten. Dieser Zusammenhang funktioniert auch auf der ökologischen Ebene. Sorgloser Raubbau an natürlichen Ressourcen, die Gier nach dem schnellen Genuß, eine am materiellen Gewinn orientierte Beziehung zur Natur haben kurzfristig böse Folgen und wirken langfristig tödlich. Dagegen wird vorausschauende und sorgfältige Bebauung und Bewahrung des Gartens der Schöpfung (1.Mose 2,15), Reinhaltung von Luft, Wasser, Wäldern und Wiesen unserem eigenen leiblichen Wohlbefinden und dem kommender Generationen guttun.

> »Der Gerechte sorgt für seines Viehs Bedürfnisse;
> das Herz der Bösen hingegen ist grausam.« (Spr 12,10)

> »Wer einen Feigenbaum hütet, wird seine Frucht essen,
> und wer seinen Herrn achtet, wird geehrt.« (Spr 27,18)

Schon aus den bisher genannten Gründen sollten wir die Faustregel der Weisen über den Zusammenhang von Tat und Folge der gegenläufigen Erfahrungen wegen nicht für irrelevant erklären. Vielmehr gilt es, sie in vielen Lebensbereichen wieder neu zu entdecken. Und das aus mehreren Gründen:

Die Regel enthält einen unverzichtbaren *ethischen Impetus*. Wenn sie wegen regelwidriger Erfahrungen unbrauchbar und irreführend scheint, wächst die Gefährdung einer ethischen Relativierung allen Handelns. Wenn positives Tun nicht wenigstens begrenzte Aussicht auf Erfolg hat, wenn alles Tun ein reines Glücksspiel, ein Kokettieren mit dem blinden Schicksal ist, ethisch indifferent, dann wird der Sog von Resignation und Anti-Sozialität übermächtig.

Das Tat-Folge-Denken hat eine unaufgebbare *noetische (erkenntnisleitende) Funktion*. Auch wenn es nicht die ganze Wirklichkeit aufdeckt und abdeckt, so schärft es den Blick doch für Teilwirklichkeiten und Teilzusammenhänge. Es leitet zur Erkenntnis vorhersehbarer Tatfolgen an und ist dazu geeignet, aus der Wirkung auf die Ursache und den Verursacher zu schließen. Wer dieses Denken als wirklichkeitsfremd verwirft, steht in der Gefahr, Tat-Folge-Zusammenhänge eher zu verschleiern als aufzuklären.

In diesem Denken steckt die Kraft einer notwendigen *analytischen Kritik*. Das gilt für den persönlichen Bereich ebenso wie für die Gesellschaft. Und es wäre ausgesprochen unweise, sich selbst und der Gesellschaft, in der man lebt, diese analytische Kritik zu ersparen. Der Weise wußte:

»Ein Ohr, das auf Warnung zum Leben hört,
bleibt selbst des Nachts im Kreise der Weisen.
Sein Leben wirft weg, wer Warnung in den Wind schlägt;
doch wer auf Rüge hört, gewinnt Vernunft.« (Spr 15,31f.)

Sich warnen, belehren und kritisieren lassen, das ist ein Ausdruck von Weisheit und Lebendigkeit. Und das gilt nicht nur für Privatpersonen, sondern auch für die Öffentlichkeit und ihre Amtspersonen:

»Mit dem Recht baut ein König das Reich auf;
doch wer (zuviel) Abgaben fordert, zerstört es.« (Spr 29,4)

»Richtet ein König die Geringen der Wahrheit gemäß,
so hat sein Thron für immer Bestand.« (Spr 29,14)

Der ethische Impetus, die noetische Funktion und die analytische Kraft des Tat-Folge-Denkens sollten nicht leichtfertig verspielt und in ihrer Sinnhaftigkeit in Frage gestellt werden. Gegenerfahrungen bilden allerdings die bleibende Grenze dieser Lehre der Weisen und machen auf die grundsätzliche Ambivalenz und Unberechenbarkeit menschlichen Handelns aufmerksam. Auch bei sorgsamster Forschung, umweltfreundlichster Technik, wirksamsten Gesetzesmechanismen wird es immer wieder Versuche geben, schneller zum Ziele zu kommen, Mehrkosten zu umgehen, werden immer wieder Neben- und Spätwirkungen unserer technischen Zivilisation produziert, die Mensch und Umwelt schaden, ohne daß wir dies verhindern könnten. Immer stehen wir in der Gefahr, daß selbst Gutgemeintes böse Folgen hat. Und wer glaubt, diesem Widerspruch durch resignative Passivität zu entkommen, der irrt. Auch und gerade durch Nichthandeln werden dem Bösen Tor und Tür geöffnet.

Wie wäre wohl die Geschichte der jüdisch-christlichen Beziehungen zwischen 1933 und 1945 in Deutschland verlaufen, wenn nicht nur vereinzelte Christen, sondern die gesamte Institution Kirche mit ihrer uneingeschränkten Autorität das Wort der biblischen Weisen –

»Mache auf deinen Mund für den Stummen,
für den Rechtsanspruch aller Schwachen.
Mache auf deinen Mund, entscheide gerecht,
und schaffe Recht dem Bedrückten und Armen.«
(Spr 31,8f.)

– als verbindlich für sich betrachtet hätte? Der Schuld des Schweigens sind wir noch nicht entkommen. Nichthandeln und Nichtreden sind keine Lösungen angesichts der Erfahrung von Mißerfolgen, Zweideutigkeiten und der Unberechenbarkeit unseres Tuns.

Und weil der Weise dieses Dilemma gesehen hat, war ihm der Tun-Ergehen-Zusammenhang kein Dogma, sondern benannte er die Gegenerfahrungen mit. Die Stimmigkeit seines Lehrsystems bestand für ihn nicht in der Widerspruchslosigkeit, sondern in der durch Erfahrung verifizierten Wirklichkeitsnähe. Er hielt sich immer für neue, bisherige Erfahrungen bestätigende oder auch bestreitende Wahrnehmungen offen. Deswegen kann man das Lehrsystem der Weisen als »offenes System« bezeichnen. Offen für jegliche Erfahrung, aber zugleich immer bemüht, diese Erfahrungen zu ordnen, nach Gemeinsamkeiten abzuklopfen, auf Regeln hin zu befragen und in ihnen einen Bauplan des Lebens zu entdecken.

Mit diesen Bemühungen begnügte sich der Weise in seinem Nachdenken aber nicht. Vielmehr war gerade die Offenheit und die Ambivalenz der Erfahrungen für ihn eine Herausforderung ganz besonderer Art. So begann er auch, seine Erfahrungen theologisch zu vertiefen und zu problematisieren. Hatte Gott etwas mit den erfahrenen Regelmäßigkeiten und Unregelmäßigkeiten zu tun?

»Der Mensch denkt, Gott lenkt«

Die Offenheit des Erfahrungshorizontes der Weisen führte zu intensivem Nachdenken darüber, ob und auf welche Weise Gott an dem Geschehensbogen vom Tun zum Ergehen beteiligt sei:

> »Wohlgefallen erlangt der Gute von JHWH;
> dem Hinterhältigen aber spricht er das Urteil.« (Spr 12,2)

Der Spruchdichter spricht die Zuversicht aus, daß JHWH selbst das Tat-Folge-Geschehen überwacht. Infolgedessen wird immer wieder eine Reihe von Sprüchen (z. B. Spr 10,29; 14,27; 15,9; 16,5) als Hinweis auf JHWH als »Stifter und Garant« des Tun-Ergehen-Zusammenhanges verstanden. Wahrscheinlich ist damit aber schon zu viel gesagt. Denn auch wenn JHWH in dieses Geschehen mit einbezogen wird, gibt es letztlich keine Erfolgsgarantie für redliches Tun. Wäre das der Fall, dann wäre dieser JHWH nicht mehr der Gott Israels und hätte seine Freiheit verspielt. Denn einen Gott, der sich zum Garantieträger depotenzieren läßt, könnte der Mensch mit seinen unersättlichen Garantieansprüchen in die Pflicht nehmen. Die Versuchung würde wachsen, auf sein frommes Tun zu pochen und den Erfolg bei Gott einzuklagen. Und will sich dieser nicht einstellen, dann bleibt die Verzweiflung des Menschen an Gott nicht aus. Der Weise hielt sich da sehr viel mehr zurück.

> »Wälze auf JHWH deine Werke,
> und es werden Erfolg haben deine Pläne.« (Spr 16,3)

Garantiert JHWH nicht doch den Erfolg? Beim ersten Lesen dieses Spruches könnte der Eindruck entstehen. Ein tieferes Eindringen in den Zweizeiler läßt aber eine andere Aussageintention erkennen. Der Dichter geht bereits von der Erfahrung aus, daß es keinen Automatismus zwischen Tat und Folge gibt. Das führt ihn zu der vertieften Einsicht, daß das Gelingen des Tuns nie vom Menschen allein abhängt, sondern immer noch von anderen Faktoren. Letztlich gibt es keine Autonomie (Eigengesetzlichkeit) menschlichen Handelns und seiner Folgen. *Ein* Faktor, der an dem Tat-Folge-Geschehen mitbeteiligt ist, ist für den Weisen Gott. Er kann zwischen mich und meine Tat treten. Und es hängt nun alles davon ab, ob ich mir dieses Dazwischentreten Gottes gefallen lasse, ob ich Gott mit seinen Absichten in meine Lust an Autonomie und Autarkie (Unabhängigkeit) hineinwirken lasse. Einem solchen Menschen, der Gott in seinen Plänen und Werken mit auf dem Plan und am Werk sein läßt, wird Erfolg zugesprochen.

Die Weisen muten uns mit diesem Spruch eine Lehrstunde in Sachen Demut und Bescheidenheit zu. Der in sich selbst, in seine Tüchtigkeit und Pläne vernarrte Mensch sollte sich daran erinnern lassen, wie selten es ihm gegeben ist, ein Werk wirklich zum Erfolg zu führen. Wieviel Unwägbarkeiten, Halbheiten und Verzerrungen stellen sich bei der Umsetzung von Vorhaben in die Tat ein? Andererseits gibt es auch die beglückende Erfahrung unerwarteten Gelingens, des Erfolges, der – wenn ich ehrlich bin – nicht allein auf dem Konto meiner Tüchtigkeit verbucht werden kann.

Wer seine Werke auf JHWH wälzt, zerbricht das Gefängnis der Autonomie. Er geht mit dem Wissen ans Werk, daß er in seinem Tun nicht allein auf sich selbst gestellt ist, daß nicht alles von ihm abhängt. Gerade das wird ihn befähigen, das ihm Mögliche zu tun. Die in unserem Spruch verdichtete Erfahrung der Weisen befreit den Menschen von einer heillosen Selbstüberforderung und Selbstüberschätzung. Wer alles von sich erwartet, weiß, wie wenig da oft zu erwarten ist. Der Spruch bewahrt uns aber nicht allein vor der Selbstversklavung und Leistungspeitsche, mit der wir uns immer wieder geißeln. Er klagt auch die Freiheit von fremden Sklavenhaltern und ihrer Peitsche ein. Nicht nur ich selbst kann und darf nicht alles von mir erwarten. Auch kein anderer Mensch hat das Recht, mir alles abzuverlangen. Unter diesem Blickwinkel kann Spr 16,3 eine ausgesprochen emanzipatorische Kraft gewinnen. Der Weise wirbt mit ihm um ein Vertrauen in Gottes Möglichkeiten, menschliche Werke und Pläne zum Erfolg zu führen. Wer sich in seinen Erfahrungen dafür offenhält, kann seine eigenen Fähigkeiten realistischer und menschlicher einschätzen. Er muß sich nicht zu einem Giganten des Handelns und Pächter des Erfolgs aufplustern. Er wird auch auf der Freiheit bestehen, nicht die Erfolgsmaschine fremder Herren zu sein. Er weiß sich in all seinem Tun nur als Mitarbeiter an Gottes Schöpfung. Das war es wohl, was der Spruchdichter uns wissen lassen wollte. Er suchte nach der Freiheit des Menschen, der in seinem Autonomiestreben zappelt wie ein Fisch im Netz und dem bei seinen Erfahrungen von Heteronomie (Fremdbestimmung) häufig die Luft ausgeht. Er suchte nach der Freiheit Gottes, der kein Erfolgsautomat für die Tüchtigen sein kann. Er wollte zu dem Vertrauen verlokken, daß JHWH es ist, der die Werke und Pläne zum Erfolg führen kann. Verlockung zum Vertrauen, das ist aber etwas anderes als ein Garantieschein des Glücks. Darauf weist auch eine Reihe anderer JHWH-Sprüche hin, die diesen Akzent unterstreichen:

»Der Menschen Sache sind Überlegungen im Herzen;
doch von JHWH kommt die Antwort der Zunge.
Alle Wege eines Mannes sind lauter in seinen Augen;
JHWH jedoch prüft die Gesinnung.« (Spr 16,1.2)

»Des Mannes Schritte sind von JHWH her (bestimmt);
wie könnte der Mensch seinen Weg verstehen?« (Spr 20,24)

Allen diesen Sprüchen ist eines gemeinsam: JHWH läßt sich aus dem Planen und Berechnen menschlicher Vorhaben nicht heraushalten. Mit seinem Mitwirken ist immer zu rechnen, obwohl er sich damit nicht zum berechenbaren Faktor machen läßt. Sein Dabeisein enthält vielmehr ein Moment der Überraschung und damit ein Moment von Zukunft. Denn auch die Zukunft ist immer offen und nie berechenbar. So liegt zum Beispiel zwischen dem Denken und Sprechen ein Weg voller Geheimnisse (Spr 16,1). Wer hat es schon in der Hand, Gedachtes adäquat in Gesprochenes zu überführen? Die

Worte können ärmer, aber auch reicher als die Gedanken sein. Einmal drängt sich mir der Eindruck der Unfähigkeit auf, meinen Gedanken den richtigen Ausdruck zu geben, ein anderes Mal darf ich erfahren, daß meine Worte mehr Wirkung hatten als die Gedanken, die sie hervorbrachten. Diese anthropologische Grunderfahrung wurde nun aber nicht theologisch »abgesichert«, sondern glaubend gedeutet. JHWH selbst wurde in das Lebensgeheimnis »Denken – Sprechen« mit einbezogen. Er wurde in ihm wirksam geglaubt. Und solch ein Glaube lebte nicht allein im alten Israel.

Auch die Assyrer wußten von der Anwesenheit und Wirksamkeit der Götter in den konkreten Lebensgeheimnissen. So lesen wir in der Spruchsammlung Achikars (6. Jh. v. Chr.):

> »Klein ist der Mensch und macht doch viel seine Worte, die sich hoch über ihn erheben (?); denn die Öffnung seines Mundes ist der Eingang für Götter; und wenn er von den Göttern geliebt wird, legen sie Gutes zu sagen ihm in den Gaumen.« (*H. Greßmann*, Texte, S. 459)

Sprechen, das war für die Weisen des alten Orients mehr als nur ein kommunikativer Akt, ein Mittel zum Zweck, das vom Menschen beliebig einsetzbar wäre. Die Sprache barg ihm ein religiöses Geheimnis, das nicht in allen Einzelheiten durchschaubar und kalkulierbar schien. Und die Welt der Weisen steckte voller solcher Lebensgeheimnisse. Der Weise suchte sie auf; er versuchte sie zu erkennen. Aber er blieb sich immer darüber im klaren, daß es nicht gilt, den Mantel dieser Geheimnisse zu lüften, sondern sie als Geheimnisse zu respektieren. Als pure Anmaßung hätte er die Behauptung empfunden, daß der Mensch in der Lage sei, sein Leben oder auch nur den nächsten Tag voll zu durchschauen:

> »Rühme dich nicht des morgigen Tages;
> denn du weißt nicht voraus, was ein Tag gebiert.« (Spr 27,1)

Diese Erfahrung ist bis in das Neue Testament hinein lebendig geblieben (vgl. Mt 6,34; Jak 4,13–16). Gott selbst war es, von dem sich der Weise erkannt und durchschaut wußte:

> »An jedem Ort sind die Augen JHWHs,
> wachend über Böse und Gute!« (Spr 15,3)

> »Vor JHWH (liegen offen) selbst Unterwelt und Totenreich;
> wievielmehr die Herzen der Menschenkinder!« (Spr 15,11)

Diese Thematik wurde auch von dem berühmten Weisheitspsalm 139 entfaltet. Des Menschen Leben ist wie ein offenes Buch (Ps 69,29; 139,16) vor Gott. Aber – und das ist das Entscheidende dieser Einsicht – im Erkennen und Wahren der Alltagsgeheimnisse weiß sich der Mensch nicht dem Chaos und der Kälte ausgesetzt. Vielmehr vertraut er sich auf der Grenze der berechenbaren Lebensregeln seinem Schöpfer JHWH an.

»Er hat alles schön gemacht ...«

Der auch von weisheitlichem Denken geprägte erste Schöpfungsbericht (1.Mose 1,1–2,4a), den wahrscheinlich ehemalige Jerusalemer Priester in der »babylonischen Gefangenschaft« (6. Jh. v. Chr.) verfaßten, enthält ein Sätzchen, das die einzelnen Schöpfungswerke beschließt. Gott nimmt sein Tagewerk in Augenschein und stellt fest, »daß es gut war« (1.Mose 1,4.10.12.18.21.25.31). Der ganze Trost dieses Satzes wird uns erst deutlich, wenn wir in ihm die Sprache der Gefangenen und Vertriebenen wiedererkennen. Seine Hörer waren Menschen, die viel verloren hatten: ihre judäische Heimat, ihren Besitz, nächste Angehörige, ihre gesellschaftliche Stellung, Staat und König, Tempel und Gottesdienst (vgl. 2.Kön 24,12 bis 25,21; Jer 52; Klgl 1–2;4). Die eigene Lebens- und Volksgeschichte war wie weggeschwemmt. Sie stürzten ins scheinbar Bodenlose (Klgl 5). Wenn die ehemaligen Priester der Heimatlosen durch die Siedlungen der Verbannten am Fluß Kebar (Ez 1,1) gingen und von den sieben Tagen der Schöpfung erzählten, dann war das eine Ermutigung der Mutlosen. Sie legten einen neuen Lebensgrund, wiesen ein in die elementaren Lebensvollzüge und Lebensbedürfnisse des Menschen (vgl. Jer 29,4–7). Noch wechselten Licht und Finsternis (1.Mose 1,3ff.), noch stand der Himmel über der Erde, hielt die Grenze zwischen Wasser und Land (V. 6ff.), noch brachte die Erde Bäume, Pflanzen und Früchte hervor (V. 11ff.), noch zogen die Gestirne ihre Bahn (V. 14ff.), wurden Kinder geboren (Jer 29,6). Noch stand Gott zu seinem Wort, daß nicht aufhören sollen Saat und Ernte, Frost und Hitze, Sommer und Winter, Tag und Nacht (1.Mose 8,22). In diesem Sinne von der Schöpfung erzählen, das hieß: Einübung in das Elementare des Lebens, Wahrnehmung des Nicht-Selbstverständlichen im Alltäglichen, Einweisung in das Einfache und Gute, das sich kein Mensch selber gab, Konzentration auf alles Kreatürliche. Das Kreatürliche jedoch war dem alten Hebräer mehr als das Natürliche. Einen Naturbegriff in unserem Sinne hatte er noch nicht. Für ihn war alle Natur Kreatur, etwas Geschaffenes, das sich seinem *creator*, dem Schöpfer, verdankte. Unabhängig von ihm konnte er sich selbst und seine Welt nicht denken. Die Schöpfung, das war für ihn kein Glaubensartikel im Sinne einer Interpretation von Welt neben anderen, das war eine Voraussetzung seines Denkens, seiner Wahrnehmung von Welt (vgl. *C. Westermann*, Schöpfung, S. 14).

Das Verstehen von Welt und Mensch als Kreatur bildete ein Grundmuster des »Beziehungsdenkens«. Alles was war, das dachte, lobte, glaubte, erfuhr der Israelit als Ausdruck einer Beziehung. Das Geschöpf blieb immer auf seinen Schöpfer bezogen. Welt und Leben waren nicht aus sich, sondern sie waren aus Gott. An diese bleibende Urbeziehung erinnerten die Priester ihre Mitgefangenen. Fast scheint es, als wollten sie ihre von der Jerusalem-Sehnsucht verwundeten Landsleute (Ps 137) ermuntern, jeden neuen Tag der Woche mit den Augen des Schöpfers zu sehen, und im Überdenken desselben mit ihm einzustimmen in das Sätzchen:

»... und es war sehr gut!«

Von diesem aus der schöpferischen Urbeziehung gespeisten Grundvertrauen gingen offensichtlich auch die Weisheitslehrer Israels aus. Selbst die Erfahrung der Undurchschaubarkeit des Ganzen der Schöpfung konnte dieses Grundvertrauen nicht zum Lebenszweifel verkommen lassen:

»Alles hat er schön gemacht zu seiner Zeit.
Auch die Weltzeit hat er in ihr Herz gelegt,
nur daß der Mensch nicht herausfindet das Werk,
das Gott tut vom Anfang bis zum Ende.« (Koh 3,11)

Über dem Weltganzen liegt ein Geheimnis. Es bleibt dem Menschen ebenso entzogen wie das Ganze seines Lebens. Aber selbst diese schmerzlich empfundene Begrenzung seines Erkenntnisvermögens bleibt umfangen vom sinnvollen, guten Tun des Schöpfers.

Geschenktes Dasein

Das, was die Schöpfungserzählung in Babylon angesichts einer zerbrochenen Geschichte weckte, Trost und Ermutigung zum Dasein,

Vertrauen in einen Gott, der von seinen Geschöpfen seine Hand nicht abgezogen hat, das buchstabierten die Weisheitslehrer auf der individuellen und gesellschaftlichen Ebene immer von neuem durch.

Die erste Grunderfahrung, die sie mitteilen: Kein Mensch verdankt sich selbst! Er kann sich allenfalls das Leben nehmen, nicht aber geben. Leben wird über ihn verfügt. Will er selbst über sich verfügen, mit letztgültiger Autonomie, dann kann er allenfalls zu einem Meister des Todes werden. Weder Weisheit noch Geld machen den Menschen zum Schöpfer seiner selbst. Elihu, der junge und weise Freund Hiobs, leitete seine Trostrede an diesen mit einem ganz persönlichen Schöpfungsbekenntnis ein:

> »Der Geist Gottes hat mich erschaffen,
> der Atem des Allmächtigen mich belebt.«
> (Hiob 33,4; vgl. 32,22; 33,6)

Die Worte erinnern deutlich an 1.Mose 2,7, wo Gott den Menschen aus Lehm knetete und ihm den Lebensatem einhauchte. Das alte mythische Bild von der Erschaffung des Menschen hat Geschichte gemacht, fand Eingang in die persönliche Frömmigkeit (vgl. Hiob 34,14f.; Ps 104,29f.; Koh 3,21; 12,7). Aber die Weisen waren keineswegs daran gefesselt. Sie hatten ein reges Interesse am Vorgang des werdenden menschlichen Lebens. Es ist ihnen selbstverständlich, daß Leben im Mutterleib entsteht und wächst (Hiob 3,3–11; 31,15; Koh 11,5; Jes 44,24; Jer 1,5), daß Gott es ist, der die Nieren (Ps 139,13), Augen und Ohren (Spr 29,13; 20,12; Ps 94,9), Zunge und Herz (Ps 33,15; Sir 17,6) gebildet hat. Ja, in dem apokryphen Buch der Weisheit Salomos begegnet uns eine Sicht des Menschen, die auch für die heutige Anthropologie von höchster Aktualität ist:

> »Auch ich bin ein sterblicher Mensch wie alle und ein Abkömmling des ersterschaffenen Erdensohnes. Im Mutterleib wurde ich zu Fleisch gebildet in zehnmonatiger Frist, im Blut geronnen aus Mannessamen, wozu die Lust des Beischlafes sich gesellte. Als ich geboren war, atmete ich die gemeinsame Luft ein und fiel auf die Erde, wie solches allen widerfährt; Weinen war, wie bei allen, auch mein erster Laut. In Windeln wurde ich aufgezogen und in Sorgen. Denn kein König hat einen anderen Anfang seines Daseins. Der Eingang in das Leben ist für alle der eine, wie auch der Ausgang der gleiche ist.«
> (Weish 7,1–6)

Ein biologisches Interesse am werdenden Leben ist hier ebenso zu erkennen wie ein Wissen um seine psychische und soziale Einbettung. Ohne Abstriche kann gesagt werden, daß uns die Weisheitslehrer des ersten vorchristlichen Jahrhunderts hier die bio-psycho-soziale Einheit »Mensch« vor Augen stellen, über die die Wissenschaft gegenwärtig wieder begonnen hat, intensiver nachzudenken. Den Weisheitslehrern aber war der ganze Mensch – um die unschöne Wortkette um ein Glied zu verlängern – eine »theo-bio-psycho-soziale Einheit«. Alle Ebenen des menschlichen Lebens, die biologische, psychologische und soziale, sind umfangen und bestimmt von seiner Gottesbeziehung als Kreatur. Diese ließ sich aus der Einheit »Mensch« nicht heraushalten. Vielmehr verdankt sich der Mensch in allen seinen Lebensbezügen und Lebensäußerungen dieser Grundbeziehung. Das wird gleich am Anfang des Abschnittes aus dem Buch der Weisheit Salomos deutlich, in dem der Dichter die Abstammung des Menschen auf den Ersterschaffenen, auf Adam, zurückführt. Der Mensch ist vom »ersten« Exemplar seiner Gattung bis zum heutigen Tage ein Wesen, das seine Existenz dem schöpferischen Handeln eines anderen, nämlich Gott verdankt.

Von dieser Beziehung zum Schöpfer her entwerfen die Weisen auch ein soziales Beziehungsgeflecht, in welchem die Würde der Person unabhängig von ihrer sozialen Stellung unterstrichen wird. Auch der König ist Nachkomme Adams, des »ersten« Menschen, fleischlich gezeugt und geboren. Er hat in Windeln gelegen wie jeder Mensch. Der Eingang (Geburt) und Ausgang (Tod) seines Lebens unterscheiden sich in keiner Weise von dem eines Bettlers. Damit gewinnt der Schöpfungsglaube der Weisen eine sozialkritische Funktion. Er dient der Unterminierung sozialer Unterschiede und Ungerechtigkeiten:

> »Reicher und Armer treffen zusammen;
> der sie alle beide schuf, ist JHWH.« (Spr 22,2)

Ein Mensch bezieht seinen Wert nicht aus der sozialen Position, die er in der Gesellschaft einnimmt. Natürlich gibt es Unterschiede. Der Weise leugnet sie nicht. Aber die Unterschiede in der Gesellschaft dürfen nicht dazu mißbraucht werden, dem Leben der Reichen einen Mehrwert gegenüber dem der Armen zuzuerkennen. Von Gott her und vor Gott sind alle Menschen gleich, ausgestattet mit ein und derselben Würde, Geschöpf Gottes zu sein. Das hatte Konsequenzen für den sozialen Umgang miteinander:

»Wer den Geringen bedrückt, schmäht dessen Schöpfer;
aber ihn ehrt, wer sich des Armen erbarmt.« (Spr 14,31)

In der Beziehung zu den sozial Schwachen wurde die Gottesbeziehung konkret. Was an ihnen getan oder auch versäumt wurde, das tat und versäumte man an Gott (Spr 19,17; vgl. Mt 25,40.45). Mit der Schöpfungswürde des Nächsten war eine Praxis asozialer Ellenbogenfreiheit unvereinbar. So verwundert es nicht, wenn die Weisheitslehrer ihre Hörer und Schüler immer wieder zu sozialer Solidarität anhielten (Spr 11,17.25; 14,21; 19,17.22; 21,13; 22,9; 28,27; 29,7). Sicherlich war damit nicht die Aufhebung des Unterschiedes zwischen arm und reich intendiert. Die Weisen Israels waren nüchtern genug, zu sehen, daß Armut und Reichtum vielfältige Ursachen haben können (Spr 10,4f.; 11,16; 12,11.27; 13,4; 19,15; 20,4; 21,5). Eine völlige Beseitigung dieser Ursachen und damit eine restlose Nivellierung des Reichtum-Armut-Gefälles hatten sie wohl nicht im Blick. Ihnen lag eher an einer menschenwürdigen Gestaltung der sozialen Beziehungen zwischen Armen und Reichen als an der Verwirklichung utopischer Sozialprogramme. Sie waren Männer mit Augenmaß, die das gegenwärtig Mögliche, die Achtung der Unverletzlichkeit und des Ansehens der Person, als das vom Schöpfer Gewollte einklagten:

»Der Arme und der Unterdrücker begegnen einander:
der den Augen beider Licht schenkt, ist JHWH.« (Spr 29,13)

In dieser Sentenz geht es nicht einfach um die Begegnung von Armen und Reichen. Der Spruchdichter hat vielmehr die gespanntere Beziehung des Armen zu seinem Unterdrücker im Visier. Das Verhältnis der beiden ist nicht frei vom Moment des Gewaltsamen. Aus dieser gewaltsamen Beziehung erwächst eine Gefahr für den Schwächeren, aber wohl auch für seinen Bezwinger. Allzu schnell könnte auch er um das gebracht werden, was er zum Leben braucht. Auf diesem Hintergrund erinnert der Weise an JHWH, den Menschenschöpfer. Auch das Verhältnis Schöpfer – Geschöpf ist durch ein Machtgefälle geprägt. Die Grundbedürfnisse des Lebens kann sich der Mensch nicht selbst befriedigen. Darin bleibt er abhängig, angewiesen, ein Bettler des Elementaren: das Augenlicht! JHWH, der Schöpfer, nutzt diese Abhängigkeit nicht aus. Unabhängig von Ansehen und Person hat er dem Armen und seinem Unterdrücker das zukommen lassen, was beide zum Leben brauchen, Licht für die

Augen. Das Selbstverständliche wird als das den Menschen Tragende erkannt und anerkannt. Und selbst bei aller Unberechenbarkeit des Erfolgs menschlicher Taten, ja bei der Undurchschaubarkeit der Werke des Schöpfers in ihrer Gesamtheit (Koh 11,3–6) bleibt doch das Lob des Elementaren:

> »Süß ist das Licht und gut ist's für die Augen,
> die Sonne zu sehen.« (Koh 11,7)

Unausgesprochen, aber sehr deutlich wird der Unterdrücker des Armen ermahnt, seine Beziehung zu diesem der Beziehung des Schöpfers zum Menschen anzugleichen. Verzicht auf die Ausnutzung des Machtgefälles, Gewährung der Grundbedürfnisse des Lebens, das ist der Weg, auf dem das Element des Gewaltsamen in der Beziehung zu den Armen abgebaut werden kann. Aus der für beide gefährlichen Spannung kann eine das Leben erhaltende Beziehung werden. Der Schöpfer ist der Lehrer des Lebens, der die Sonne über Böse und Gute aufgehen läßt (Mt 5,45).

Es hat sich gezeigt, daß die Einsicht der Weisen in die Kreatürlichkeit des Menschen, ja mehr noch ihre persönliche Einstimmung und Zustimmung zu dieser Einsicht, nicht alleine eine Frage des Wissens, sondern in höchstem Grade auch eine Frage des Lebens war. Die Erkenntnis, selbst ein Geschöpf des Schöpfers zu sein, hatte Verbindlichkeiten in der sozialen Lebensgestaltung zur Folge. In diesem Sinne war der Schöpfungsglaube der Weisen ein Kapitel politischer Theologie.

Die Welt – ein Weisheitsspiel

> »Wie zahlreich sind deine Werke, JHWH!
> Sie alle hast du in Weisheit geschaffen,
> voll ist die Erde von deinen Geschöpfen.« (Ps 104,24)

Mit diesem Vers zieht der Sänger des großen Schöpfungspsalms eine Zwischenbilanz. Nachdem er Gott als den Schöpfer (Ps 104,5–9) und ständigen Erhalter der Welt (V. 10–23) besungen hat, stellt er fest, daß Gottes unablässiges Schaffen, seine zahlreichen Werke, Ausdruck und damit auch Zeugen göttlicher Weisheit sind. Schöpfung und Weisheit werden in diesem Hymnus unmittelbar miteinander verzahnt. Der Mensch verdankt sich selbst und seine Welt der

Weisheit des Schöpfers und Erhalters. Damit wird ein in späteren Weisheitstexten mehrfach belegbares Interesse erkennbar. Die Betrachtung der Schöpfung führt zu einem Fragen nach der Weisheit selbst. Was macht die Weisheit aus, wo ist sie zu finden?

Bereits in der altorientalischen Listenwissenschaft und ihrem alttestamentlichen Nachklang begegneten wir dem Interesse an den Ordnungen der Schöpfung. Während aber dort menschliche Weisheit in den Dienst der Welterkenntnis gestellt wurde, verändert sich jetzt die Perspektive der Weisen. Die Erfahrung der Welt als Schöpfung läßt sie nach der Weisheit Gottes ausschauen. Die Welterfahrung tritt in den Dienst der Weisheitserkenntnis. Der Weise beginnt, über die Weisheit selbst nachzudenken. Zwei Texte sollen hier vorgestellt werden, die in diesem Zusammenhang wichtig sind.

In Hiob 28 werden wir zunächst in ein antikes Bergwerk geführt. Mit erstaunlicher Präzision beschreibt der Dichter menschlichen Forscherdrang:

1 »Für Silber gibt es einen Fundort
und einen Platz, wo man das Gold auswäscht.
2 Man holt herauf das Eisen aus der Erde,
und das Gestein schmilzt man zu Kupfer um.
3 Der Finsternis bereitet man ein Ende,
und man durchwühlt auch bis zum letzten
das Felsgestein, in tiefe Nacht gehüllt.
4 Die Leute mit der Lampe höhlen aus den Schacht;
vom Fuß vergessen hangen sie
und schweben weit entfernt von Menschen.
5 Es sprießt das Brotkorn aus der Erde;
doch unter ihr sprengt man mit Feuer.
6 Des Saphirs Fundort ist ihr Felsgestein;
auch Goldstaub findet man darin.
7 Ein Pfad ist's, den der Geier nicht gewahrt
und den des Habichts Auge nicht erspäht.
8 Nicht wandelt ihn das stolze Wild,
kein Löwe hat ihn noch beschritten.
9 An Kieselsteine legt man seine Hand,
durchwühlt die Berge von der Wurzel an.
10 Man hat die Stollen in den Fels gebrochen;
sein Auge schaut nun alle Kostbarkeiten.

11 Erforscht hat man der Ströme Quellen
und ließ Verborgenes zum Lichte kommen.«
(Hiob 28,1–11)

Abb. 7 Bergbau bei Korinth (ca. 600 v. Chr.). 1 Steigbaum im Schacht (oben Förderjunge), 2 Fördermann, 3 Hauer, 4 Klaubejunge mit Tasche, 5 Wasseramphora

Der Verfasser von Hiob 28 muß ein ähnliches Bild vor Augen gehabt haben wie das vom Bergbau bei Korinth. Da gibt es nichts, was dem Menschen verborgen blieb. Seine Willenskraft, sein Tatendrang öffneten ihm selbst das Innere der Erde. Die Dunkelheit der Stollen wird von den Grubenlampen der Hauer erhellt. Sie schweben an Seilen in den Schächten, ohne Halt für den Fuß (V. 4). Was den Tieren unzugänglich bleibt (V. 7f.), das erschließt sich der Bergmann. Eisen und Kupfer (V. 2), Silber und Gold (V. 1.6), den Saphir (V. 6) und alle Kostbarkeiten (V. 10) gewinnt er in mühsamer Arbeit. Er durchschaut die Erde bis in ihr Inneres und vermag sie sich nutzbar zu machen. Die verborgensten Schätze der Schöpfung liegen vor ihm wie ein offenes Buch. Und doch bleibt er bei aller Entdeckerfreude und allem Gelingen seines Tuns ein Suchender:

12 »Die Weisheit aber – von wo kommt sie?
Und wo hat denn die Einsicht ihre Stätte?
13 Der Mensch kennt nicht den Weg zu ihr;
noch trifft man sie im Lande der Lebendigen.

14 Die Urflut sagt: ›In mir verweilt sie nicht.‹
Das Meer gesteht: ›Sie ist auch nicht bei mir.‹
15 Man kann nicht Feingold für sie zahlen
und wägt nicht Silber dar als Preis für sie.
16 Mit Ophirgold kann man sie nicht bezahlen,
auch nicht mit seltnem Onyx und Saphiren.
17 Nicht kann ihr gleichen Gold und Glas,
noch ist ein Goldgefäß ihr Tauschwert.
18 Korallen und Kristall darf man nicht nennen;
der Weisheit Kaufpreis überwiegt selbst Perlen.
19 An Wert gleicht ihr nicht der Topas aus Kusch;
mit reinem Gold wird sie nicht aufgewogen.
20 Die Weisheit also, woher kommt sie?
Der Einsicht Stätte, wo ist sie?« (Hiob 28,12–20)

Was immer der Mensch auch herausfindet und welche Schätze er auch durch seine Arbeit zu Tage fördert, ein Schatz bleibt ihm verborgen, die Weisheit! Sie ist nicht verfügbar. Wie sehr er auch die Berge durchwühlt, die Weisheit wird er dort nicht finden, denn sie ist nicht in der Schöpfung. Das Land, die Urflut, das Meer bergen sie nicht (V. 13f.). Sie ist von allem Geschaffenen, das dem Menschen zugänglich ist, unterschieden. Das macht uns der Dichter mit einem Bildwechsel deutlich. Aus dem dunklen Bergwerk nimmt er uns mit an einen Ort, an dem Edelmetalle und Edelsteine gehandelt werden (V. 15–19). Ein orientalischer Basar der Juweliere tut sich vor uns auf. Was auch der Mensch der Natur an Werten abgewinnt, nichts ist so wertvoll, daß es den Wert der Weisheit aufwiegen könnte (vgl. Spr 2,4; 3,14f.; 8,19; 16,16).

Damit wird dem arbeitenden und erkennenden Menschen eine Grenze aufgezeigt. So wie er sich die Welt nicht selber geben kann, sie seinem Forscherdrang und seiner Kulturarbeit vorgegeben ist, so auch die Weisheit. Weder durch angestrengte Arbeit noch durch klugen Handel läßt sie sich erwerben. Weisheit kann also nie ein menschlicher Besitz werden. Darin unterscheidet sie sich von der übrigen Schöpfung. Von ihr mag der Mensch Besitz ergreifen (1.Mose 1,28), sie ist ihm verfügbar, nicht aber die Weisheit. Deswegen werden die Weisen auch immer wieder ermahnt, sich nicht selbst für weise zu halten (Spr 3,5; 28,26; Jes 5,21; 29,14).

Die Polarität in unserem Weisheitsgedicht spricht für sich selbst. Im ersten Teil (V. 1–11) wird der Mensch in seinen vielfältigen Möglichkeiten gezeigt, die er in der Auseinandersetzung mit der Schöpfung realisiert. Im zweiten Teil (V. 12–20) begegnet er seiner Grenze, der Ort der Weisheit bleibt ihm entzogen. Wie aber kommt der Weise dann zur Weisheit, wenn nicht aus eigener Kraft?

21 »Verhüllt ist sie vor allen Lebewesen;
verborgen ist sie vor des Himmels Vögeln.
22 Selbst Unterwelt und Tod bekennen:
Von ihr vernahmen wir nur ein Gerücht.
23 Es kennt nur Gott den Weg zu ihr,
er weiß allein um ihren Fundort.
24 Denn zu der Erde Grenzen geht sein Blick,
er sieht, was unterm ganzen Himmel ist.
25 Als er dem Winde das Gewicht bestimmte
und mit dem Maß die Wasser abmaß,
26 als er dem Regen eine Norm verlieh
und einen Weg dem Donnerhall bestellte,
27 da war's, daß er sie sah und wägte,
erforschte und ergründete.
28 Zum Menschen aber sprach er:
›Sieh, Gottesfurcht, das ist die Weisheit;
und Einsicht ist, die Sünde meiden.‹«

(Hiob 28,21–28)

Im dritten Teil des Gedichtes, zu dem die beiden Fragen von V. 20 überleiten, wagt der Dichter eine Antwort. Die Weisheit, die der Schöpfung nicht immanent ist (V. 13f.21), von der selbst Tod und Unterwelt nur gerüchteweise hörten (V. 22), wird zum Schöpfer in Beziehung gesetzt. Er kennt ihren Ort (V. 23), weil er allein das Ganze der Schöpfung überschaut (V. 24, vgl. Koh 3,11; 8,17). Von Anfang an, als er begann, die Urelemente Wind, Wasser, Regen und Donner kraftvoll zu zähmen, hat der Schöpfer die Weisheit mit im Blick gehabt (V. 27). Ja, er wurde selbst zum Weisen, indem er die Weisheit betrachtete, wägte, erforschte und ergründete (V. 27).

Der Dichter unterscheidet zwischen Gott und Weisheit. Die Weisheit ist nicht Gott. Aber vom Anbeginn der Schöpfung stehen Gott und die Weisheit in einer engen Beziehung zueinander. So ist sie nur ihm zugänglich und bekannt. Was dem Zugriff des Menschen verwehrt bleibt, ist dem Schöpfer, der alles überblickt, kein Geheimnis. Deswegen kann auch nur der Mensch Anteil an der Weisheit bekommen, der an Gott, dem Schöpfer, teilhat. Das wird durch den dem

Gedicht wahrscheinlich später angefügten V. 28 deutlich. In ihm taucht ein Schlüsselwort der Weisheit auf, das in allen Weisheitsschriften eine große Rolle spielt, die »Gottesfurcht« (Spr 1,29; 2,5; 8,13; 10,27; 14,26.27 u. ö.; Hiob 6,14; 15,4; 22,4; Koh 5,6; 7,18; 12,13). Sie wird in vielen Variationen als »Anfang der Weisheit« gepriesen (Spr 1,7; 9,10; Ps 111,10). Weisheit und Gottesfurcht gehen eine enge Verbindung ein. Die Gottesfurcht wird geradezu zur Vorbedingung und zum Ausgangspunkt der Weisheit erklärt. Wer die Weisheit finden will, wird sie also nicht ohne den Schöpfer finden, nicht unabhängig von seiner Gottesbeziehung. Eine gott-lose Weisheit konnte es für die Weisen der Bibel nicht geben. Die die Weisheit erschließende Gottesfurcht war aber weder allein ein Glaubens- noch lediglich ein Wissensakt. Sie hatte eine ethische Dimension. Als Lebensweisheit ging sie auf Distanz zum Bösen. Täglich übte sich der Weise in Gottesfurcht durch Meiden der Sünde.

Die enge Beziehung zwischen Weisheit und Schöpfer, die in Hiob 28,23–28 zum Ausdruck kommt, hat auch in Spr 8,22–31 eine reizvolle Darstellung gefunden. Dem Verständnis dieses Textes müssen einige Bemerkungen vorausgeschickt werden. In den Lehrreden und Lehrgedichten von Spr 1–9 stellt sich uns die Weisheit als Frau vor. Schon die Nomina, die die Weisheit im Hebräischen, Griechischen und Lateinischen bezeichnen, sind weiblichen Geschlechts: *chokmah, sophia, sapientia*. Da lag es nahe, daß die Weisen die personifizierte Weisheit vorrangig zur Frau erklärten. Von den Vätern wurde sie den Söhnen als Braut und Geliebte nahegebracht (Spr 4,6.8f.), als Gastgeberin lädt sie zum Bankett (Spr 6,1–9). Wer sich der Weiblichkeit der Weisheit wegen in seiner männlichen Ehre herabgesetzt glaubt, der mag sich allenfalls damit trösten, daß in Spr 9,13ff. ausdrücklich auch von »Frau Torheit« die Rede ist. Es dürfte allerdings kaum ein Zufall sein, daß die Redaktoren des Sprüchebuches an sein Ende ein alphabetisches Gedicht stellten, in dem eine tüchtige Frau als das ABC einer weisen Lebensführung gepriesen wird (Spr 31,10–31). Die besondere Affinität zwischen Weisheit und Weiblichkeit fand schließlich auch ihren religionsgeschichtlichen Ausdruck. So erinnert die Weisheit, die sich in Spr 8,12–21 vorstellt, vor allem an die Gestalt der ägyptischen Göttin der Weisheit und Weltordnung, an Maat. Die Ausleger von Spr 1–9 sind sich weitgehend darin einig, daß diese Göttin Maat das Vorbild für die Gestalt der Weisheit in Spr 8 abgegeben hat. Nachdem sich Frau Weisheit in ihren Vorzügen und Angeboten bekannt gemacht hat, blickt sie in Spr 8,22–31 auf ihre Herkunft zurück:

22 »Mich hat JHWH geschaffen als Erstling seines Waltens,
als frühestes seiner Werke von urher.
23 Ich ward vor aller Zeit gebildet,
von Anbeginn, vor den Uranfängen der Erde,
24 ward hervorgebracht, als die Urfluten noch nicht waren,
noch nicht die Quellen wasserreich.
25 Bevor die Berge gegründet waren,
vor den Hügeln ward ich hervorgebracht,
26 als er das Land und die Fluren noch nicht gemacht,
nicht die ersten Schollen der Erde.
27 Ich war dabei, als er den Himmel erstellte,
einen Kreis in die Fläche der Urflut zeichnete.
28 Als er oben die Wolken befestigte,
die Kraft der Urflutquellen bestimmte,
29 als er dem Meer seine Grenze setzte,
daß die Wasser nicht seinen Befehl übertraten;
als er die Festen der Erde umriß:
30 Da war ich der Liebling an seiner Seite,
war Tag für Tag das Ergötzen,
indem ich die ganze Zeit vor ihm spielte.
31 Da spielte ich auf dem weiten Rund seiner Erde
und hatte mein Ergötzen mit den Menschenkindern.«

Der Rückblick der Weisheit beginnt mit einem Hinweis darauf, daß sie als erstes aller Werke des Schöpfers geschaffen worden sei (V. 22). Die Weisheit ist also wie alles, was ist, Geschöpf Gottes, Teil seiner Schöpfung. Damit bleibt sie qualitativ von Gott unterschieden, so wie Schöpfer und Geschöpf grundsätzlich unterschieden sind. Göttliche Qualität eignete ihr im Unterschied zur ägyptischen Maat nicht. Und doch setzt sich die Weisheit auch noch einmal von aller übrigen Schöpfung ab. Sie hat innerhalb dieser eine unvergleichliche Stellung und Würde. Sie war der Erstling der Schöpfung. Es gab sie bereits, als es das Universum noch nicht gab (V. 23). Bevor Gott Welt und Mensch erschuf, hatte er sich die Weisheit gebildet und trat in eine innige Beziehung zu ihr. Dieser Gedanke wird in den V. 23–26 entfaltet, die durch die klare und aus vielen Schöpfungserzählungen bekannte Zeitstruktur »als noch nicht war ...« bestimmt sind. Durch den Blick vor alle Zeit und Schöpfung wird ein Gegensatz zur bestehenden Welt aufgebaut. Die Welt verliert ihre Selbstverständlichkeit. Die Denker und Dichter denken nicht allein dem nach, was ist und wie alles Existierende beschaffen ist. Sie wissen sich der Frage verpflichtet: Warum ist überhaupt etwas und nicht nichts? Schon das Dasein von Welt und Mensch ist ein Geheimnis, das uns die Erzähler ins Bewußtsein heben, indem sie von ihrem Nichtsein reden.

Das Besondere unseres Weisheitsgedichtes besteht nun darin, daß es vor der uns bekannten und erfahrbaren Welt nicht nur ein Chaos, ein Nichts, gab, sondern eine innige Urbeziehung zwischen dem Schöpfer und seiner Erstschöpfung, der Weisheit. In den V. 27–29 werden wir auf die Schwelle von Sein und Nichtsein, Vorzeit und Schöpfungszeit geführt. Wenn die Weisheit präexistent war, vor aller Welt geschaffen wurde, dann versteht es sich von selbst, daß sie als einziges Geschöpf neben dem Schöpfer bei der Schöpfung mit anwesend war. Sie allein kann von sich sagen:

> »Ich war dabei ...« (V. 27)

Die Bedeutung dieses Sätzchens erschließt sich, wenn wir die Eingangsfrage der berühmten Gottesreden aus dem Hiobbuch (Hiob 38–41) bedenken. Dem mit Gott und seinem Schicksal hadernden Hiob wird die Frage gestellt:

> »Wo warst du denn, als ich die Erde gründete?
> Sag an, wenn du so große Einsicht hast!« (Hiob 38,4)

Hiob kann auf diese Frage nicht die Antwort geben: »Ich war dabei!« Kein Mensch kann das. Die Weisheit aber ist dazu in der Lage. Sie kennt den Bauplan der Schöpfung, da sie von ihrer Grundsteinlegung an mit dabeigewesen ist. Wohl ist sie ein Geschöpf wie alle anderen Geschöpfe und nicht Gott. Und doch hat sie allen anderen Geschöpfen Unvergleichliches voraus. Das kommt in den Schlußversen (V. 30f.) zum Ausdruck.

Das Verständnis dieser Verse hängt von der bis heute umstrittenen Übersetzung des Wortes *amon* ab. Dieses hebräische Wort wird mit »Werkmeister«, aber auch mit »Pflegekind, Hätschelkind, Liebling« wiedergegeben. In den neueren Untersuchungen dazu hat sich die Waagschale zugunsten der letzteren Bedeutung gesenkt. Danach war die Weisheit in der Gestalt eines spielenden Mädchens bei der Erschaffung der Welt mit anwesend. Durch ihr Spiel erfreute und ergötzte sie den Schöpfer. Im Spiel des Kindes wird ja immer wieder neu eine kreative Ursituation geboren. Das Kind schafft sich spielend seine Welt. Kann man deswegen vielleicht sagen, daß der Schöpfer und sein Geschöpf, die Weisheit, die Welt im Spiel erstehen ließen, daß das Spiel seines Lieblingskindes den Schöpfer bei der Erschaffung des Universums beflügelte? Hat die Weisheit den Schöpfer kreativ animiert? War sie auf diese Art und Weise aktiv und nicht nur als passiver Zeuge an der Schöpfung beteiligt?

Bedenkt man weiter, daß es sich um ein weibliches Lieblingskind des Schöpfers handelte, dann kann auch ein erotisches Moment in dieser schöpferischen Urbeziehung zwischen Gott und Weisheit nicht völlig ausgeschlossen werden. So gibt es eine Fülle von Beispielen in der altorientalischen Ikonographie, die einen alternden Gott auf seinem Thron darstellen, vor dem sich eine junge Göttin spielerisch entschleiert.

Abb. 8 Altsyrisches Rollsiegel mit einer sich entschleiernden Göttin vor dem thronenden Gottkönig

Diese Andeutungen wollen lediglich darauf aufmerksam machen, daß durch unseren Text noch eine ganze Reihe mythologischer Vorstellungen hindurchschimmern. Der mythologische Hintergrund hat aber mit der Übernahme der Motive in den JHWH-Glauben eine starke Wandlung erfahren. In Spr 8,30f. ist das Hätschelkind eben keine Göttin mehr, sondern ein Geschöpf JHWHs. Neben ihm hatte kein weiterer Gott Platz (2.Mose 20,3; Jes 44,6; 45,5). Die Götter genügen sich selbst in ihrem Spiel. Die Freude aber, die der Schöpfer und sein Lieblingskind, die Weisheit, bei der Schöpfung hatten, bleibt nicht auf sie beschränkt. Sie fließt über und teilt sich der gesamten Schöpfung mit. Denn das Spiel der Weisheit vollzog sich nicht im Niemandsland, sondern auf dem Erdenrund und setzte sich im Ergötzen mit den Menschenkindern fort (V. 31). Die eigene Welt der Götter wird durchbrochen zur Welt der Menschen hin. Die Weisheit bezieht sie in ihr Spiel mit ein und beschenkt die Welt mit einem heiteren, spielerischen Grundton.

Auch so konnten die Weisen von Schöpfung reden. Die Welt, die in der fröhlichen Urbeziehung von Schöpfer und Weisheit Gestalt annimmt, wird selbst durch die Weisheit in diese Faszination der Heiterkeit mit hineingenommen. Wer möchte sich dem Spiel dieser Weisheit nicht anvertrauen? Wem ist es keine Lust, zu leben in einer Schöpfung, die sich der Freude verdankt? Wer kommt da nicht aus dem Stammeln ins Loben und Preisen (vgl. Ps 104)? Die Welt ein göttliches Weisheitsspiel?

Spielregeln des Lebens

Wer sich dem Spiel der Weisheit in der Schöpfung anvertraut, tut gut daran, die Spielregeln zu ergründen und kennenzulernen. In der Weisheit wird keine allgemeine Schöpfungstheologie entwickelt. Vielmehr hat diese einen spezifischen Akzent. Sie ist verbunden mit einer »Theologie der Ordnungen«. Gottes schöpferisches Handeln besteht auch in einer ordnenden Tätigkeit. Er räumt das »Tohuwabohu« auf (1.Mose 1,1), scheidet zwischen Licht und Finsternis (V. 4), zwischen den Wassern über und unter dem Firmament (V. 7), zwischen dem Trockenland und den Gewässern (V. 9). Er zeichnet den Erdkreis in die Urflut, setzt dem Meer seine Grenze (Spr 8,27 bis 29; Hiob 38,8–11; Ps 104,7–9). So entsteht aus dem Chaos der Kosmos, die geordnete Welt mitten in der chaotischen Urflut. Die Beobachtung der Ordnungen der Schöpfung und ihre Bewahrung war für den Weisen lebenswichtig. Denn jeder Verstoß gegen sie gefährdete das Leben, öffnete der Chaosflut eine Luke für die Vernichtung (vgl. 1.Mose 6,5ff.). So hatte die vom Ordnungsdenken der Schöpfungstheologie geprägte Weisheit ein starkes ethisches Interesse. Die Schöpfungsordnungen waren Spielregeln des Lebens. Der Mensch tat nicht nur gut daran, sich auf diese innerhalb des Naturkosmos einzustellen, denn dem Naturkosmos entsprach der Sozialkosmos. Und diesen galt es ebenfalls vor chaotischen Raubzügen zu bewahren. Auch in ihm gab es Spielregeln zur Bewahrung des Lebens.

Die Weisen hatten nun ein besonderes Interesse daran, diese

Spielregeln im Alltäglichen, auf der Lebensebene von Familie, Sippe und Siedlungsgemeinschaft zu erkennen und einzuschärfen. Ihre Reflexionsebene war weniger die der Nationalgeschichte, der großen Stunden eines Volkes in Sieg und Niederlage. Sie reflektierten eher die Lebensgeschichte des einzelnen, seine persönlichen Nöte zwischen Geburt und Tod, Morgen und Abend. Sie stellten dar, wie sich die große Geschichte auf der kleinräumigeren Ebene der Familien und Siedlungen auswirkte, erlitten und durchgestanden wurde, ohne dabei die Nationalgeschichte zu thematisieren. Deswegen zeichnet sich die Weisheit durch ein ungeheures Maß an Lebensnähe aus. In ihr werden vorrangig elementare Lebensvollzüge, kreatürliche Bedürfnisse und Sorgen, die »Bewältigung des Alltags und der konkreten Lebensgeheimnisse« behandelt (*W. Zimmerli*, Grundriß, S. 136ff.). In dem auf dieser Ebene gesammelten Erfahrungswissen ging es immer wieder um scheinbar so banale und profane Dinge wie Acker, Küche, Haus und Gasse. Hier räumen die Weisen auf und suchen nach Ordnungen und Regeln.

Sie schaffen Ordnung durch Typisierung bestimmter Personenkreise: Wir erfahren von Armen und Reichen (Spr 10,15; 13,7f.; 14,20; 18,23; 19,4; 22,2.7; Koh 5,9ff.), Fleißigen und Faulen (Spr 6,6–11; 10,4; 11,16; 12,24; 13,4; 15,19; 19,24; 20,4 u.ö.), Hitzköpfen und Verträglichen (Spr 15,18; 17,14; 20,3; 26,17ff.), Toren und Klugen (Spr 1,7; 3,35; 10,14; 11,12; 12,15; 13,20 u. ö.), Gerechten und Frevlern (Spr 4,18f.; 10,3.7.11.16.20; 11,8f.21; 12,5 u.ö.), ehrbaren und verwerflichen Frauen (Spr 2,16ff.; 5,3ff.; 6,24ff.; 7,5ff.; 12,4; 31,10ff.), Knechten und Herren (Spr 11,29; 14,35; 17,2; 19,10; 29,21; 30,10; Koh 7,21; 10,7). Mit diesen »Typen« verbinden sich Lebenshaltungen, die empfohlen oder vor denen gewarnt wird. Und das geschieht nicht selten in einer Mischung von Witz und treffsicherem Spott. Der Streitsüchtige wird einem verglichen, der einem vorbeilaufenden Hund in den Schwanz kneift (Spr 26,17), der Faule dreht sich im Bett wie die Tür in der Angel (Spr 26,14). Da wird gefragt:

»Wer hat Ach? wer Wehe?
wer Zänkereien? wer Klage?
Wer hat Wunden um nichts?
wer trübe Augen?
Die bis spät beim Weine sitzen,
die kommen, den Würzwein zu proben.« (Spr 23,29f.)

Und wer wüßte das nicht?

»Besser ein Gericht Gemüse, und Liebe dabei,
als ein gemästeter Ochse, doch Haß dabei.« (Spr 15,17)

Weil gerade vom Ochsen die Rede war, sollte der Jüngling nicht vergessen werden, der der lüsternen Ehefrau verfällt, deren Gemahl auf Dienstreise ist. Unübertrefflich wird des Jünglings Ende geschildert:

»Verwirrt folgte er ihr,
wie ein Ochse zum Schlachthaus geht.« (Spr 7,22)

Überall geht es um das tägliche Leben mit seinen Gefährdungen und Abwegen, seinen Freuden und Wohltaten. Auch dort, wo die Mächte der Gewohnheit herrschen, wo jeder glaubt, Bescheid zu wissen, gibt es Lebensregeln, die die Geheimnisse des Alltags enthalten. Wie schnell kann es geschehen, daß wir uns verfangen haben im alltäglichen Kleinkram, verirrt im Allereinfachsten. Und schon beschädigen wir das Leben, unser eigenes und das anderer, gefährden wir den Sozialkosmos!

Wir würden diese Alltagsweisheit unterschätzen, wenn wir sie allein der Trivialität und Kleinbürgermoral bezichtigten. Vielmehr weckt sie in ihrer Lebensnähe und Lebensdichte eine Aufmerksamkeit für das scheinbar Selbstverständliche, das sich doch nicht immer von selbst versteht. Manchmal muß man es gesagt bekommen: Achte auf die rechte Zeit (Koh 3,1ff.) oder das rechte Maß (Spr 30,8; 17,1; Koh 7,16ff.)! Sie können lebenswichtig werden. Nicht jede Stunde verlangt uns letzte Entscheidungen ab. Oft sind es die vorletzten Entscheidungen, das scheinbar Alltägliche, über das wir stolpern.

Man täte dem Weisen auch Unrecht, würde man meinen, er habe sich nur ums eigene Heim gekümmert, sei abgerutscht in ein entpolitisiertes Privatleben, in die Subalternität, weil bei ihm nichts vom Pulsschlag der nationalen Geschichte zu fühlen sei. Der Weise war durchaus ein aufmerksamer Beobachter des Staates und seiner öffentlichen Vertreter, allen voran des Königs. Die Ordnungen und Regeln, die er im Kleinen entdeckte, fanden sich auch im Großen wieder. Staatliche Macht wurde ernst genommen und respektvoll kritisch betrachtet:

»Auf der Menge des Volkes beruht des Königs Herrlichkeit,
und des Fürsten Untergang auf dem Fehlen von Leuten.«
(Spr 14,28)

»Des Königs Unmut ist wie das Knurren eines Löwen;
aber wie Tau auf Pflanzen ist sein Wohlgefallen.« (Spr 19,12)

»Vor dem König dränge dich nicht vor,
und stelle dich nicht an den Platz der Großen.« (Spr 25,6)

Der Umgang mit der Macht und den Mächtigen hat etwas Delikates an sich. Auch er will gelernt sein. Er bedarf einer gehörigen Portion Weisheit. Der Geltungssüchtige ist nicht unbedingt der Erfolgreiche auf dem diplomatischen Parkett. Doch bei allem Respekt, den man vor dem König und seiner Mannschaft hat, sie werden auch nicht überschätzt. Ihre Macht und ihr Einfluß werden relativiert:

»Besser ein junger Mann, arm, aber weise, als ein König,
alt, aber töricht, der nicht mehr die Einsicht hat, sich
warnen zu lassen.« (Koh 4,13)

Ihre Gelage und dekadenten Verhaltensweisen werden kritisiert:

»Wehe dir, Land, dessen König ein Bube ist, dessen Fürsten
am Morgen schon schmausen!
Heil dir, Land, dessen König
ein Edelmann ist, dessen Fürsten speisen zu geziemender
Zeit, als Männer, und nicht als Trinker!« (Koh 10,16f.)

Nüchtern wird vor dem »Geheimdienst« der Könige und Reichen gewarnt:

»Nicht einmal in deinen Gedanken fluche dem König, und
selbst in deinem Schlafgemach fluche keinem Reichen! Denn
ein Vogel in der Luft kann den Laut forttragen, ein
Wesen mit Flügeln das Wort weitermelden.« (Koh 10,20)

Ja, gefährlich können sie sein, die Mächtigen. Nicht immer ist gut Kirschen essen mit den Königen. Aber ein wenig lächerlich sind sie auch in ihrer Ehrsucht und ihrem Geprange:

»Drei sind es, die stattlich schreiten,
und vier, die stattlich einhergehen:
Der Löwe, der Held unter den Tieren,
der vor niemandem kehrtmacht;
der Hahn, der unter den Hennen einherstolziert,
der Bock, der die Herde leitet,
der König, der Volksreden hält.« (Spr 30,29–31)

Drückt sich in diesen Sentenzen nicht auch eine Aufmerksamkeit für die die Familienpolitik überschreitende Ebene des Staates und der gesellschaftlichen Öffentlichkeit aus? Allerdings werden diese Ebenen nie voneinander isoliert. Aus der Perspektive des sogenannten »Mannes von der Straße« wird in knappen Sprüchen eingefangen, wie sich die Staatspolitik des Königs auf der Ebene der Familie und des Individuums niederschlägt. Distanz und Verbundenheit, Ernst und Lockerheit, Humor und Kritik mischen sich in den Sentenzen je nach dem Grad der Verantwortlichkeit, mit dem die Mächtigen ihren Auftrag versahen. Ein unpolitischer Mucker war der Weise jedenfalls nicht. Es stimmt wohl, daß seine Sprüche nicht von der Handschrift des Revolutionärs gezeichnet sind (vgl. Spr 24,21f.). Doch erinnerte seine spitze Zunge die Könige und Fürsten daran, was ihres Amtes ist (Spr 16,10.12f.; 20,8.26.28; 25,2; 29,4.14). Auch für sie gab es Spielregeln des Lebens.

Das war das Ziel der mit der Weisheit verbundenen Schöpfungs- und Ordnungstheologie: die Bewahrung des Lebens im Naturkosmos und Sozialkosmos! Ausdruck dieser weisheitlichen Lebenshaltung war nicht nur ein theologisch so hoch reflektierter Text wie Spr 8,22ff. Auch die einfache Sentenz, der Zahlenspruch, das Fallbeispiel dienten der Entdeckung der Spielregeln des Lebens in der Schöpfung.

Kapitel VI
Grenzen der Weisheit

Die Schöpfungs- und Ordnungstheologie der Weisen war dem Leben überaus zugetan. Es könnte der Eindruck entstehen, als seien diese von einer unbändigen Lebenslust beseelt gewesen. Gab es denn nichts, was ihren Mut zum Dasein brechen konnte? Wußten sie nicht um Stunden, in denen die Heiterkeit in den Gesichtern erstarrt? Erfuhren sie die Schöpfung wirklich nur als das Gute, dem Leben Dienliche? Gab es in ihr nicht auch Brutalität, Schmerz, Verzweiflung, sinnloses Sterben? Unter den Themen der Weisen begegneten bereits solche, die ahnen ließen, daß diese durchaus auch Gegenerfahrungen zur guten und weise geregelten Schöpfung registrierten. Aus der Spätzeit der alttestamentlichen Weisheit gibt es aber zwei Bücher, die sich intensiv diesen Gegenerfahrungen widmen: das Buch Hiob und die Weisheitsschrift Kohelets. Sie – so kann man immer wieder lesen – seien Dokumente einer »Krise der Weisheit«, in die diese in Israels Spätzeit hineingeschlittert sei. Es besteht kein Zweifel, daß beide Bücher sich kritisch mit der Frage nach dem Zusammenhang von Tun und Ergehen auseinandersetzen. Ob man aber Skepsis und Kritik an den Lehren weiser Vorgänger allein als Symptom einer Krise weisheitlichen Denkens werten darf, das wird man fragen müssen. Ebensogut könnte man solch eine kritische Reflexion von vorgegebener Tradition als Zeichen ungebrochener Vitalität und Kreativität weisheitlicher Denkbemühungen werten. Deswegen rede ich lieber von den »Grenzen der Weisheit«, die in den Büchern Hiob und Kohelet abgeschritten werden, als von einer Krise der Weisheit. Ein Blick in sie soll uns mit den Stimmen und Fragen dieser späten Weisen vertraut machen.

Hiobsbotschaften

Hiob gehört zu den großen paradigmatischen Gestalten der Bibel. Seine Geschichte hat Geschichte gemacht. Dafür lassen sich viele Gründe nennen. Hiob – das ist der Mensch in der Krise. Mit ihm stehen wir vor dem Einbruch des Satanischen in die Welt. Der Teufel geht spazieren und hält Ausschau (Hiob 1,7; 2,2). »Das sogenannte Böse«, an Hiob wird es nicht allein demonstriert, an ihm tobt es sich aus.

Bei Mose, den Propheten, Jesus stellen sich immer wieder Fragen nach der Historizität des Geschehenen: Ist das auch wirklich so passiert? Vor Hiob verstummen alle diese Fragen. Im glaubt man aufs Wort. Es gibt eine Leidenswucht, die alles historische Fragen hinter sich läßt. In den Hiobsbotschaften bekommt es ein Mensch mit Wahrheiten zu tun, die die Dimension des Historischen überschreiten. Selbst wenn die Geschichte des Hiob zu keiner Zeit so geschah: sie ist auf ihre Weise eine wahre Geschichte. Wahrer, echter, tiefer ist sie, als es jede gewissenhafte Chronologie je sein könnte. Denn an der Gestalt des Hiob wird Menschheitsschicksal erzählt: Es ist die Geschichte vom Menschen, von Gott und von der Erfahrung des Bösen. So trägt das Buch Hiob überindividuelle, transhistorische, urgeschichtliche Züge, ähnlich den ersten elf Kapiteln der Bibel. Was Hiob geschah, ist nicht irgendwann einmal und ein für allemal geschehen, es geschieht zu allen Zeiten. Das Böse ist uns immer auf der Spur. *Johann Gottfried Herder* hat das in seiner Schrift »Vom Geist der Ebräischen Poesie« (Werke 11, S. 315) auf die Formel gebracht: »Seine (des Hiobbuches) starke und tiefe Poesie machts zur Geschichte wie es wenige gibt: es wird die Geschichte aller leidenden Rechtschaffenen auf der Erde.« Es verwundert nicht, daß dieses Buch nicht nur eine Domäne für Theologen und Gottsucher wurde. Philosophen, Psychologen, Literaten, ihnen allen blieb Hiob kein Unbekannter. Als Ursymbol des leidenden Gerechten hat er das Denken und Empfinden vieler mitbestimmt. Warum trifft ihn, den Gott selbst als »untadelig, rechtschaffen, Gott fürchtend und das Böse meidend« (1,8; 2,3) anerkennt, eine »Hiobsbotschaft« nach der anderen? Der Verlust seines gesamten Besitzes (1,14–17), seiner Kinder (1,18f.) und schließlich seiner Gesundheit (2,7) – womit hatte Hiob das verdient, daß er nun in der Asche saß und sich mit einer Tonscherbe seine Schwären kratzte (2,8)? Warum muß der Unschuldige leiden?

Vom Ursprung des Bösen

Es ist immer wieder das Leiden Unschuldiger, aus dem die Frage nach der Herkunft des Bösen erwächst. Die Toten von Auschwitz, welche Schuld traf sie, die uns nicht ebenso zugerechnet werden könnte (Ps 130,3)? Warum aber mußten sie sterben, dürfen wir leben? Läßt sich das Böse, das über sie hereinbrach, erklären? Ist es mit der abgründigen Bosheit ihrer Peiniger erklärt? Die Frage nach dem Leiden Unschuldiger wird die Menschheit immer als Frage begleiten. Auf sie gibt es keine Antwort, die ohne Rest aufginge. So ist es wohl kein Zufall, daß das Hiobbuch uns gleich drei Antworten präsentiert und nebeneinander stehenläßt. Vielleicht haben seine Verfasser dies getan, weil sie in allen drei Antworten ein Wahrheitsmoment entdeckten. Die Antworten lauten:

- vom Satan
- vom Menschen
- von Gott

Beginnen wir mit der ersten Antwort: In einer letzten (?) Überarbeitung der Hioberzählung haben die Erzähler zwei Szenen hinzugefügt, in denen der Satan im himmlischen Thronrat vor Gott erscheint (1,6 bis 12; 2,1–7). Dabei bedeutet das hebräische Wort *satan* zunächst schlicht »Gegner, Feind« und kann auch einen Menschen bezeichnen (1.Sam 29,4; 2.Sam 19,23; 1.Kön 11,14). An einer Stelle des Alten Testaments kann Gott sogar einen seiner Engel, den er dem Bileam in den Weg stellte, zu dessen Gegner *(satan)* machen (4.Mose 22,22.32). Erst in der nachexilischen Zeit wird der Satan eine bestimmte, zum Umkreis Gottes gehörende Gestalt (1.Chr 21,1; Sach 3,1f.; Hiob 1,6ff.; 2,7ff.). Wie diese Gestalt zu deuten und Gott zuzuordnen ist, das läßt sich am eindrücklichsten durch einen Vergleich von 1.Chr 21,1ff. und 2.Sam 24,1ff. klären. Beide Texte erzählen davon, daß König David eine Volkszählung angeordnet hatte, die offensichtlich böse Folgen mit sich brachte. Während aber in der älteren Erzählungsvariante der Zorn JHWHs gegen Israel König David zu dieser unglückseligen Volkszählung »aufreizte« (2.Sam 24,1), ist es in dem nachexilischen Chroniktext (21,1) der Satan, der David dazu verführte. Die Möglichkeit, die in der vorexilischen Zeit noch ganz in Gott selber lag, nämlich auch eine dunkle, Israel feindliche Macht zu sein, diese Möglichkeit schien offenbar den nachexilischen Autoren der Chronikbücher nicht mehr akzeptabel zu sein. Die dunkle Seite Gottes wurde aus ihm heraus verlagert, zu einer eigenen Gestalt verdichtet, die jetzt den Widersacher JHWHs, den Satan spielte. Es ist nicht ausgeschlossen, daß diese Wandlung im Gottesverständnis durch persische Religiosität mitbeeinflußt wurde, die von einem starken Dualismus zwischen der Macht des Guten und des Bösen bestimmt war.

Auf dem Hintergrund des bisher Gesagten soll die Funktion des Satans in der Hioberzählung präzisiert und in ihrer Bedeutung beschrieben werden:

Der Satan gehört zu den »Gottessöhnen« (1,6; 2,1). Er hat einen Platz in ihrer Mitte, hält sich in der Sphäre Gottes auf.

Für Gott scheint er von besonderem Interesse zu sein. Er ist der unmittelbar Gefragte. Seine »Kollegen« im Thronrat werden offensichtlich nur mitbenannt, damit dem Leser deutlich wird, um welche Art Wesen es sich beim Satan handelt. Vielleicht bedurfte es in frühnachexilischer Zeit dieser Einordnung, weil der Satan als himmlische Gestalt eben noch keinen festen Platz unter den »Gottessöhnen« hatte. Wichtig ist aber eine bereits hier deutlich erkennbare Polarisierung zwischen JHWH und Satan.

Dem Satan ist der Himmel, die Sphäre Gottes, zu langweilig. Er ist ein großer Spaziergänger vor dem Herrn und wählt zu seinen ausgedehnten Streifzügen mit Vorliebe die Erde. So stellt er eine Art Zwischenwesen dar, das zwischen Himmel und Erde, Gott und Mensch verkehrt.

Gott fragt den Satan, ob dieser seine Aufmerksamkeit auf seinen Knecht Hiob gerichtet und dessen untadelige Frömmigkeit zur Kenntnis genommen habe. Damit wird angedeutet, daß der Mensch und seine Frömmigkeit zwischen Gott und dem Satan zur Debatte stehen. Gott steht in dieser Debatte auf der Seite des Menschen, seines »Knechtes Hiob«. Die Frage läßt auch erkennen, daß die Möglichkeit einer anderen Einschätzung der Frömmigkeit Hiobs durch den Satan besteht.

Satan beantwortet die Frage Gottes mit einer Gegenfrage: »Ist denn Hiob umsonst so gottesfürchtig« (1,9)? Mit dieser Gegenfrage wird nicht allein die Frömmigkeit Hiobs angekratzt, sondern auch die Leidenschaft Gottes für seinen Knecht, die Wahrhaftigkeit ihres Verhältnisses. Damit steht Gott selbst und seine Beziehung zum Menschen zur Debatte. Der Satan stellt die Behauptung auf, daß sich Hiobs Frömmigkeit nur deswegen bewähre, weil Gott ihn reich gesegnet habe. Er zweifelt die Uneigennützigkeit des frommen Hiob an. Er unterstellt ihm eine Lohnfrömmigkeit. Hiob gibt nicht Gott um Gottes willen, sondern um seines eigenen Vorteils willen die Ehre. Der Satan hat also die Funktion, die Gott-Mensch-Beziehung zu diskreditieren. Er ist damit eine ausgesprochen theologische Figur. Er ist nicht einfach das Böse schlechthin, der Inbegriff der Infamie! Satan stellt den Glauben in Frage und damit Gott und dessen

Macht über den Menschen. Vielleicht ist es nicht richtig, diese spezifische Funktion des Satans zu verwischen, indem man ihn einfach als das Phänomen des Bösen bezeichnet. Nicht alles, was böse ist, muß schon den Glauben an Gott in Frage stellen. Die Bosheit eines Menschen läßt mich doch zuerst am Menschen selbst verzweifeln und nicht unbedingt an Gott. Der Satan hat eine spezielle Funktion im Reich des Bösen. Er legt den Zweifel, sät das Mißtrauen zwischen Gott und Mensch. Er ist das, was uns von Gott trennen will (vgl. auch Mk 1,12f.; Mt 4,1–11).

In all dem bleibt der Satan aber deutlich Gott unterstellt. Er desavouiert zwar die Gott-Mensch-Beziehung, aber er kann doch nicht an Gott vorbei handeln. Gott gibt ihm seinen Knecht Hiob in die Hand, weil er mehr Vertrauen in Hiob als in den Teufel hat. Und Gott setzt dem Satan Grenzen. Gegen den Bösen will er den Menschen bewahren. Ohne Frage bleibt auch hier im Gottesbild eine unauflösliche Spannung. Warum läßt sich Gott überhaupt auf die unverschämte Herausforderung des Satans ein? Macht er sich damit nicht zum Komplizen des Bösen? Ist ihm Hiob denn nicht mehr wert als das Rechtbehalten vor dem Satan?

In diesem Streit zwischen Gott und dem Satan geht es aber nicht allein um die Frömmigkeit Hiobs. In ihm steht auch die Freiheit Gottes zur Debatte. Hätte Gott in die Wette mit dem Satan nicht eingewilligt, dann bliebe dessen These von der Lohnfrömmigkeit Hiobs als Verdacht im Raum zwischen Gott und Mensch, dann wäre Gott kein freier Gott mehr. Er müßte dem Menschen unablässig Gutes tun, um sich seiner Anerkennung zu versichern. Gerade in der Annahme der Wette realisiert Gott ein Stück seiner Freiheit, über Wohl und Wehe des Menschen zu entscheiden. Gott läßt sich nicht kaufen, denn mit seiner Freiheit stünde die Gottheit Gottes auf dem Spiele. Ein Gott, dem nur im Glück vertraut wird, wäre nicht mehr Gott, sondern ein zum Glücksbringer verkommener Knecht des Menschen. So erweist Gott in der Annahme der Herausforderung des Satans sich selbst und dem Menschen die Ehre, stärker zu sein als der Teufel.

Die Kirche redet heute kaum noch vom Teufel. Nach den Gründen für diese Zurückhaltung befragt, sagte *Eberhard Jüngel* einmal sinngemäß: »Der Teufel ist ein infamer Parasit. Er beißt sich am Guten fest, um es zu verderben, so wie er sich an den rechtschaffenen Hiob heranmachte, ihn zu vernichten. Wir nehmen ihn ernst, aber wir tun ihm nicht die Ehre an, ständig von ihm zu reden.« Wie immer wir auch heute diese Erfahrung des Bösen, des Schmarotzens am Guten, benennen, die weisen, theologisch hochsensiblen Hioberzähler halten fest:

Gott steht nicht auf der Seite des Widersachers, sondern auf der Seite des leidenden Hiob. Im Kampf zwischen Gut und Böse ist er der Anwalt der Leidenden. Er kennt die Realität des Bösen, aber er steht in radikalem Widerspruch zu ihr.

Gott will, daß das Leben nicht und durch niemanden angetastet wird, selbst durch den Teufel nicht (2,6). Dem zur Hemmungslosigkeit neigenden Bösen setzt er Grenzen des Lebens.

Die zweite Antwort, die uns das Hiobbuch auf die Frage nach dem Ursprung des Bösen gibt, ist die Antwort seiner weisen Freunde. Für sie spielt der Satan keine Rolle. Zunächst vorsichtig, aber dann immer zudringlicher machen sie Hiob darauf aufmerksam:

> »Denn aus der Erde geht kein Unheil auf,
> und aus dem Ackerboden sproßt kein Leid.
> Fürwahr, der Mensch erzeugt das Unheil,
> wie Adler aufwärts fliegen.« (Hiob 5,6f.)

Der Mensch ist es also, der sich durch böse Taten sein Unheil bereitet. Er könnte schon glücklich sein, wenn er sich nicht selbst wissentlich oder unwissentlich (5,8ff.) immer wieder unglücklich machen würde. Es ist eben der Mensch, von dem es am Anfang der Bibel heißt, daß »alle Gedankengebilde seines Herzens allezeit nur auf das Böse gerichtet waren«; so bereute Gott es schließlich, daß er ihn erschaffen hatte (1.Mose 6,5; 8,21). Auf dem Hintergrund dieses Menschenbildes ermahnten die klugen Freunde Hiob dazu, sein Leben selbstkritisch zu durchforschen, Gott zu bekennen, daß er gefehlt habe, und Buße zu tun (Hiob 11,4ff.; 15,4ff.; 22,5ff.). Steckt hinter dieser Auffassung der Freunde nicht auch eine Erfahrung, die ihr Recht hat? Der Mensch ist es, der sich sein Unheil bereitet, der den Zusammenhang von böser Tat und schlimmer Folge initiiert. Wer hat denn die Kriege gemacht, die Bombe gebaut, wenn nicht der Mensch? Wer hat denn in Auschwitz gemordet und gequält, wenn nicht der Mensch? Wir sollten Hiobs Freunde nicht vorschnell abtun. Es ist tatsächlich so, daß wir selbst uns immer wieder das Unglück schaffen. Unsere Wohlstandssucht läßt die Wälder sterben, gefährdet die Ozonschicht, nimmt unseren Enkeln die Luft zum Leben. Nirgends wird uns der Zusammenhang zwischen unserem leichtfertigen Tun und dem Ergehen der kommenden Generationen deutlicher als in der Ökologie. Doch um dieses »Gesetz der Sünde« weiß Hiob ebenso (10,6; 14,16f.) wie seine Freunde (4,17; 15,14; 25,4). Er kann sogar bekennen:

> »Ich muß nun doch als Sünder gelten ...« (9,29)

Offensichtlich verfehlen die Argumente der Freunde seine Not. Sie mögen wohl recht haben, wenn sie so allgemein vom Menschen reden. Am Einzelschicksal aber wird das Tat-Folge-Denken immer wieder in Frage gestellt. Haben sich die Kinder von Treblinka denn selbst ihr Unheil bereitet? Oder wie ist das mit einer plötzlichen Krankheit, die ins Leben einbricht? An Hiobs Geschick müssen wir begreifen lernen: Es gibt den rechtschaffenen, frommen, von Gott selbst als gerecht erklärten Menschen (1,8; 2,3). Und doch bleibt ihm das Leid nicht erspart. Kann Gott ihm das Leid nicht ersparen? Will ER es nicht? So bleibt letztlich auf die Frage nach dem Ursprung des Bösen nur noch eine Antwort, die es zu bedenken gilt.

Diese Antwort ist nicht die der klugen Redaktoren des Hiobbuches, die sich das Böse mit dem Teufel erklärten. Auch den weisen Freunden wäre sie nicht über die Lippen gekommen, denen der Mensch die Quelle der Bosheit war. Die dritte Antwort kann wohl nur aus dem Munde eines Leidenden selber kommen. Als Deutewort von Zuschauern und Außenstehenden ist sie undenkbar. Es ist Hiobs Bekenntnis zur Sache:

> »Wenn wir das Gute von Gott annehmen, warum nicht auch das Böse?« (2,10)

Gott selbst also der Ursprung von Gut und Böse? In ihm gründet alles, mein ganzes Leben mit Freude und Leid. Solch einen Satz darf man wohl nicht einfach so dahinreden. Er ist alles andere als eine frömmelnde Sentenz. Hier wagt sich ein Leidender mit Zittern und Zagen an die letzten Geheimnisse des Glaubens heran: Gutes und Böses empfangen wir aus der Hand Gottes.

So etwas darf zunächst wohl nur der sagen, der in seinem zurückliegenden Leben das Gute auch wirklich als Gabe Gottes empfangen hat, die Luft zum Atmen, Eltern, Freunde, Essen und Trinken ... Das Hiobbuch zeigt uns einen Frommen, dem das alles nicht selbstverständlich war. Nur weil er darum wußte,

> »JHWH hat gegeben«,

konnte er auch sagen:

»JHWH hat genommen;
der Name JHWHs sei gepriesen.« (1,21)

Hiob weiß: Alles ist Geschenk, auf das der Mensch keinen Anspruch hat. Hier redet also keiner, der sich sein Leben lang um Gott nicht scherte, aber dann plötzlich in der Stunde der Not, auf dem Krankenlager, fragt: Warum tut er das ausgerechnet mir? Wer das Gute nicht als Gutes von Gott empfing, dem sollte solche Frage vielleicht doch ein wenig nachdenklicher über die Lippen kommen. Hiob durfte so fragen, denn er sorgte sich nicht nur um seine eigene Beziehung zu Gott, er schloß auch seine Kinder in diese Sorge mit ein (1,5). Wie vielen Christen ist das eigentlich noch ein brennender Schmerz, eine heilige Furcht, wenn ihre Kinder »gott-lose« Wege gehen?

Der Glaube, der Gott alles zutraut, Gutes und Böses, der kann nur im Leiden geboren werden. Hiob kann das sagen, ohne seinen Glauben zu verlieren. Wer nicht leidet, könnte an solchem Satz irre werden. Aber es wäre vielleicht gut, auch wir könnten das sagen, wenn es einmal an der Zeit ist. Mit solchen Bekenntnissen geht man nicht hausieren, sie kommen schwer von den Lippen. Und doch ist diese dritte Antwort die tiefste auf die Frage nach der Herkunft des Bösen. Wäre das nämlich die ganze Wahrheit, daß das Böse allein die Frucht des Satans oder des Menschen ist, dann wäre mein ganzes Leben nichts als ein Kampf mit dem Teufel und mir selbst. Und in diesem Kampf gäbe es nur zwei Möglichkeiten: Entweder habe ich Glück und entgehe dem Bösen, oder ich erliege ihm. Wo denn sollte es noch eine Hoffnung auf Rettung geben, wenn ich dem Satanischen oder mir selbst ausgeliefert bin?

Wer es in schweren Tagen vermag, auch das Böse aus Gottes Hand zu empfangen, der muß nicht ohne Hoffnung bleiben. Er kann ja nie ganz dem Bösen verfallen, weder dem Satan noch seiner eigenen Bosheit. Hinter dem Bösen steht ihm immer noch Gott. Und das ist ein Gott, von dem der Leser der Hiobnovelle weiß, daß er das Leben will (1,12; 2,6; 42,12–17). Von diesem Gott kann dann selbst die Macht des Bösen nicht trennen. Das unerklärliche Böse bleibt unerklärlich und schmerzlich, aber es bleibt auch begrenzt, verliert seine Totalität des Satanischen, wenn es von Gott nicht abgelöst wird. Das ist das Bekenntnis des leidenden Hiob, ein Bekenntnis auf der Grenze. Damit läßt sich nicht hantieren und argumentieren. Solches Wort läßt sich nur aus dem Munde eines Leidenden selbst aufmerksam hören und respektieren. Vor allem aber haben wir die Pflicht, dieses Bekenntnis des leidenden Gerechten davor zu schützen, daß es mißbraucht wird, um vermeidbare menschliche Schuld und Bosheit zu verschleiern, um unsere Sünden Gott in die Schuhe zu schieben. Hiob darf so etwas sagen – wenn ihm dazu die Lippen geöffnet werden –, das Opfer, im Munde der Täter aber würde solches Bekenntnis zur Blasphemie.

Der Mensch und sein Leid

Aus der Frage nach der Herkunft des Bösen ergibt sich eine weitere Frage: Wie verhält sich der Mensch im Leiden? Für *Georg Fohrer* ist dies das eigentliche Thema des Hiobbuches (Hiob, S. 549). Auch diese Frage wird mehrfach beantwortet. Mit ihr entdecken wir, daß der Hiob des Hiobbuches mehrere Gesichter hat. Da ist in der Rahmenerzählung der fromme Dulder, der Gut und Böse ohne Widerspruch von Gott hinnimmt (1,21; 2,10). Wir haben bereits versucht, ihn als einen leidenden Menschen zu verstehen, der gerade, weil er nicht allein der Erfahrung des Bösen und damit dem Tod das Feld überläßt (2,9f.), sich mit seiner ganzen Existenz zwischen Gut und Böse dem Gott des Lebens anvertraut.

Nun hat es aber immer wieder Ausleger gegeben, die Hiob als einen frommen Dulder nicht akzeptieren wollten und konnten. Als ein Beispiel sei hier *Sören Kierkegaard* genannt, der sich nach persönlichen krisenhaften Erfahrungen der Gestalt Hiobs zuwendete. Dabei entdeckte er in dem Ergebungsspruch (1,21) einen verfälschten, entschärften Hiob. Der Trost der »schönen Worte« – »Der Herr hat's gegeben, der Herr hat's genommen« – ist ein Trost der »beamteten Tröster« und »steifen Zeremonienmeister«. Gegen diesen in dogmatischen Systemen domestizierten Dulder klagt *Kierkegaard* Hiob als den »getreuen Zeugen« ein, »der es wagte, in der Bitterkeit seiner Seele« Klage zu erheben und zu streiten wider Gott. Und er warnte alle beamteten Tröster davor, die Leidenden um den einzigen Trost zu bringen, der ihnen bleibt, »sich Luft zu machen und ›zu hadern mit Gott‹« (Werke 5/6, S. 69). Der Protest *Kierkegaards* hat sein Recht, weil uns in den Dialogen des Hiobbuches selbst ein anderer Hiob vor Augen gestellt wird. Eben nicht mehr der fromme Dulder, sondern Hiob, der Rebell, der bei Gott und gegen Gott sein Recht einklagt. Hiobs Klage ist allerdings mehr als eine zänkische Rechthaberei. Sie kommt aus der Tiefe der leidenden Existenz, die sich wünscht, lieber gar nicht geboren worden zu sein als so zu leben.

»Hiob hob an und sprach:
Vergehen soll der Tag, der mich geboren,
die Nacht, die sprach: ›Ein Knabe ist empfangen.‹
Ja, dieser Tag, er werde Finsternis!
Nicht sorge sich um ihn die Gottheit droben,
nicht leuchte über ihn des Tages Licht ...
Was starb ich nicht vom Mutterschoße weg,
trat aus dem Mutterleib und starb dahin? ...
Dann läge ich jetzt still und hätte Ruhe,
entschlafen wäre ich und hätte Frieden ...
Wie die verscharrte Fehlgeburt, die nicht gelebt,
wie Kindlein wär' ich, die das Licht noch nie geschaut ...
Das Seufzen ist mein Brot geworden,
wie Wasser strömen meine Klagen aus.«

(Hiob 3,2–4.11.13.16.24)

Wissen wir noch, was das ist, eine Klage, die aus der Tiefe des Leidens hervorbricht? Sicher, auch wir klagen und nörgeln über Mißstände und Lebensumstände, die wir uns nicht ausgesucht haben. Aber eine Klage im eigentlichen Sinne ist das nicht. Vielleicht hat unsere christliche Tradition mit dazu beigetragen, daß wir diese elementare Lebensäußerung verlernten oder zur Meckerei verkommen ließen. Denn das Klagen – so konnte man häufig hören – ist keine christliche Tugend. Und doch ist das Klagegebet eine der wichtigsten Gebetsformen der Bibel (Ps 7; 13; 22; 44; 69; 74 u. ö.). Mit Hiob und den Psalmenbetern könnten wir wieder das Klagen lernen. Wer klagt, lehnt sich gegen das Unheil auf. Er bewahrt sich die Gewißheit, daß menschliches Leben seiner Bestimmung nach nicht dem Unheil und Tod gehört. Wer klagt, überläßt sich eben nicht passiv dem Schmerz und dem Bösen. Er benennt sie als Feinde des Lebens. Damit beginnt er, sich aus den Klauen der Not zu befreien. Solche Klage ist das vordringlichste Menschenrecht aller Leidenden, weil sie sich mit ihr »frei-sprechen«. Sie ist der Anfang der Befreiung. »Das ist das Große an Hiob, daß die Leidenschaft der Freiheit bei ihm nicht erstickt und nicht zur Ruhe gebracht wird ...« (*S. Kierkegaard*, Werke, S. 77).

Aber – und das ist entscheidend für ein Verstehen des klagenden Hiob – diese eingeklagte Freiheit ist nicht der Ausdruck menschlichen Autonomiestrebens. Hiob sagt sich nicht los von Gott, um allein dem Gesetz der menschlichen Klagen zu verfallen. Wer sich selbst sein Leid klagt, der wird es nicht los. Wer hingegen so frei ist, Gott sein Leid zu klagen, sich ihm so zuzumuten, wie er ist, der bleibt mit ihm im Gespräch. Darum geht es Hiob, daß der zerrissene Gesprächsfaden mit Gott wieder geknüpft werden möge:

> »O wäre jemand da, daß Gott mich hörte!
> Dies ist mein letztes Wort: jetzt gebe Antwort mir Schaddai!«
> (31,35, vgl. 27,8f.)

Nicht die Klage, die Gott los sein will, sondern die, die vor Gott, ja sogar gegen Gott gesprochen werden kann, –

> »Die Pfeile von Schaddai sind in mich eingedrungen.
> Es hat mein Geist ihr Fiebergift getrunken.
> Die Schrecken Gottes stehen wider mich.« (6,4)

> »Hab' ich gefehlt, was tat ich dir, du Menschenprüfer?
> Was machst du mich zum Ziele deines Angriffs,
> und warum wurd' ich dir zur Last?« (7,20, vgl. 30,18ff.)

– ist der Anfang der Freiheit des leidenden Rebellen. Von Hiob dürfen wir lernen, daß der Christ nicht nur als frommer Dulder gefragt ist. Der Leidende hat ein Recht auf Klage und Rebellion. Mit diesem Recht wächst seine Freiheit, die Freiheit, die sich vor Gott nicht verstecken muß, ihm nichts vormachen muß, sondern von der Hoffnung lebt, daß Gott hört!

Gott und des Menschen Leid

Hiobs Schrei nach einer Antwort Gottes verhallt nicht im Leeren. Gott antwortet ihm aus einem »Gewittersturm« (38,1). Und diese Antwort sieht anders aus, als es der Leidende erwartete. Hiob will mit Gott in einen Rechtsstreit eintreten:

> »O wüßte ich, wo ich ihn finden,
> wie ich zu seinem Thron gelangen könnte!
> Den Streitfall würde ich vor ihm vertreten
> und mit Beweisen füllen meinen Mund.
> Die Antwort, die er gäbe, würd' ich wissen,
> vernähme auch, was er mir sagen würde.

Ob er mit aller Macht gen mich wohl stritte?
Nein! Wenigstens würd' er mich doch anhören.
Dann würde ein Gerechter mit ihm streiten,
in meinem Rechtsstreit würd' ich siegen.« (23,3–7)

Hiob geht es um eine Wiederherstellung seiner Gerechtigkeit.

»Ich halte fest an meinem Recht und lass' es nicht.
Mein Herz schämt sich nicht eines seiner Tage.« (27,6)

Gott aber läßt sich auf den Rechtsstreit, die bohrenden Fragen Hiobs nicht ein. Das Problem einer Rechtfertigung Hiobs, seines frommen Tuns, spielt bei Gott keine Rolle mehr. Recht und Gerechtigkeit des Menschen werden vor Gott zu vorletzten Fragen, weil Gott weiß: Dringender als die wiederhergestellte Gerechtigkeit ist das Leben! Deswegen stellt Gott Hiob Gegenfragen:

»Wo warst du denn, als ich die Erde gründete?
Sag an, wenn du so große Einsicht hast!
Wer setzte fest ihr Maß? Du weißt es ja.
Wer spannte über sie die Meßschnur aus?
Worauf sind ihre Pfeiler eingesenkt,
und wer hat ihren Eckstein eingefügt ...?
Wer schloß das Meer mit Doppeltoren ein,
als sprudelnd es dem Mutterschoß entsprang ...?
Gelangtest du bis zu des Meeres Quellen?
Bist du gewandelt auf dem Grund des Meeres?
Hat man des Todes Tore dir gezeigt?
Und sahst du denn des Schattenreiches Pförtner?
Kamst du bis zu den Speichern voller Schnee?
Hast du des Hagels Scheuern je gesehen ...?
Verknüpftest du die Bande der Plejaden?
Hast du gelockert des Orion Fesseln?
Bestimmst du denn dem Morgenstern den Aufgang,
und leitest du den Bär samt seinen Jungen?«
(38,4–6.8.16.17.22.31.32)

Können Gottes Fragen dem leidenden Menschen eine Antwort sein? Wenn ja, dann kommt es offensichtlich darauf an, diese Fragen richtig zu verstehen. Aus der Fülle der Interpretationen geht hervor, daß diese Gottesreden (38,1–42,6) nicht eindimensional verstanden werden dürfen. Die Gegenfragen Gottes wirken befremdend. Gott antwortet »auf moralische Fragen mit physikalischen, mit einem Schlag aus unermeßlich finster-weisem Kosmos gegen beschränkten Untertanenverstand« (*E. Bloch*, Atheismus, S. 154). Wollen die Fragen Hiob demütigen, zur Unterwerfung zwingen, den allmächtigen Gott der Ohnmacht des Leidenden gegenüberstellen? Ich denke, daß die Gottesreden auch dieses Moment der Zurechtweisung Hiobs, der Einweisung in seine Grenzen enthalten:

»Wer ist es, der den Weltenplan verdunkelt
mit Worten, denen die Erkenntnis mangelt?
Umgürte deine Lenden wie ein Held!
Ich will dich fragen, du belehre mich!« (38,2f.)

In dieser Einleitung der Gottesreden wird es ganz deutlich. Gott fordert Hiob auf, ihn zu belehren. Wer aber unter den Menschen könnte je ein Lehrmeister Gottes sein? So verwundert es auch nicht, wenn Hiob am Ende bekennt:

»Ich war es, der verdunkelt deinen Plan
mit Worten, denen die Erkenntnis mangelt.
So sprach ich ohne Einsicht,
was mir zu wunderbar und ich nicht kannte.« (42,3)

Und doch deutet sich in der Kanonade der göttlichen Fragen noch eine andere Dimension an. Hiob gewinnt seinen Gott wieder. Das Schweigen wird durchbrochen. Seine Klage verhallte nicht. Sie führte ihn zu einer neuen Gemeinschaft mit Gott:

»Nur durch Gerüchte wußte ich von dir;
jetzt aber hat mein Auge dich gesehen.« (42,5)

Der hinter Gerüchten und Gerede verborgene Gott steht ihm nun wieder klar vor Augen. In dieser wiedergewonnenen Gemeinschaft findet Hiob auch seine Welt wieder. Der Kerker des Leidens wird gesprengt, der eingeengte Horizont der Schmerzen wird ausgeweitet und aufgehellt. Gott nimmt Hiob mit seinen Fragen an die Hand und führt ihn durch das gesamte Universum. Von den Pfeilern der Erde zu den Toren des Meeres, von den Gipfeln der Berge zum Ursprung der Quellen, von den Sternen des Himmels zu den wilden Tieren des Landes, den Löwen (38,39f.), Raben (38,41), Gemsen (39,1), Wildeseln (39,5ff.), der Straußenhenne (39,13ff.), dem Nilpferd (40,15ff.). JHWH ist der uneingeschränkte »Herr der Tiere«, wie wir ihn auch aus Israels Nachbarreligionen kennen. Und immer fragt er ihn: Warst du dabei, als das geschaffen wurde, kennst du die geheime Ordnung, die hinter allem steht (38,4.18.33 u.ö.)? Gottes Gang mit Hiob durch die Schöpfung zieht ihn ab von seinem Leid und weckt in ihm neue Aufmerksamkeit und Anteilnahme an einem weise geordneten Kosmos. Auf diesem Wege entsteht dem Hiob seine zerbrochene Welt neu. Kann ihm das auch neues Vertrauen in sein eigenes, in Unordnung geratenes Leben geben? Bekommt der geordnete Kosmos eine tröstende, heilende Kraft für den leidenden Menschen? Ist die Schöpfung Gottes ein Therapeutikum, vergleichbar einem Gang durch den Garten des »Herrn der Tiere«, der alles im Griff hat?

Abb. 9 Darstellung des »Herrn der Tiere«, der Strauße und Steinbock bändigt, auf einem neuassyrischen Rollsiegel

Ja, das gibt es, unverrechenbares Leid, undurchschaubare Einzelschicksale. Und doch bleibt Hiobs Leben Teil eines von Gott gewollten Ganzen, Teil der Schöpfung. Gottes Fragen wollen Hiob nicht nur zusammendonnern, sie wollen ihn auch nicht nur wie einen Prozeßgegner fertigmachen, sie wollen ihn nicht wie einen unbedeutenden Wurm im Kosmos zermalmen. Diese heilsamen Fragen »wecken das Ahnen der Dimension des Unerforschlichen und gleichzeitig auch das Vertrauen des Geschöpfes zu seinem Schöpfer« (*V. Maag*, Hiob, S. 120f.).

Hiob hat diese Fragen Gottes verstanden. Ihm waren sie Antwort genug. Der Gang an Gottes Seite durch die Schöpfung genügte ihm, sich mit seinem leidvollen Leben erneut dem Schöpfer anzuvertrauen. Er erfuhr, daß der Schöpfer auch der Erlöser sein kann, vor dem Recht und Unrecht unseres Lebens zu vorletzten Fragen werden. Denn er läßt die Sonne aufgehen über Gute und Böse, Gerechte und Ungerechte (Mt 5,45; Spr 29,13). So will Hiob am Ende des Buches gar nicht mehr sein Recht, weil er den Gott des Lebens und seine Nähe neu gefunden hat.

Erklärt ist damit Hiobs Leid nicht. Es bleibt bei der Einweisung in die Grenzen der Durchschaubarkeit. Erklären können auch wir nicht jedes Übel. Doch wer etwas erklärt, der hat es noch keineswegs gelebt. Das hat Hiob am Ende wohl gelernt: den Verzicht darauf, sich alles erklären zu wollen, und gleichzeitig die Gewißheit, daß auch unverrechenbares Leid und unverrechenbare Not im Vertrauen zum Schöpfer gelebt und bestanden werden können.

Das weisheitliche Denken hat im Buche Hiob eine theologische Vertiefung erfahren, die uns höchsten Respekt abnötigt. Es weitet die Erfahrungen der älteren Weisheitslehrer aus, sichtet sie kritisch und führt sie bis an die Grenzen des menschlichen Erkennens und Existierens.

»Alles ist Windhauch ...«

In der Fragestellung dem Hiobbuch sehr nahe und doch von ganz anderem Zuschnitt ist Kohelet, ein Grenzgänger der Weisheit. Die vielfältigen Aspekte seines Büchleins können hier nur in einem kleinen Ausschnitt zur Sprache kommen. Liest man dieses Buch im Anschluß an Hiob, dann drängt sich der Eindruck auf: hier begegnet keine Stimme aus der Tiefe des Leids, hier redet ein sich distanzierender Intellektueller, der alles ausgekostet hat, was das Leben zu bieten vermag (vgl. 1,12ff.), und einen schalen Nachgeschmack davon zurückbehielt. Bei genauerem Hinsehen trügt aber dieser erste Eindruck.

Kohelet entnimmt sein Vokabular zum Teil der Kaufmannssprache. Eine seiner Grundfragen lautet:

> »Was für einen Gewinn hat der Mensch bei all seiner Mühe,
> womit er sich abmüht unter der Sonne?« (1,3)

Mit dem hebräischen Wort *jitron* (= Gewinn) wird auch das bezeichnet, was der Kaufmann bei einem guten Geschäft zurückbehält, eben seine Gewinnspanne. Immer wieder fragt Kohelet angesichts der unterschiedlichen Lebenserfahrungen nach diesem Erlös (2,11.13; 3,9; 5,15; 7,12; 10,10), dem Vorteil, dem, was der Mensch nach all seinem weisheitlichen Tun und Bemühen zurückbehält. Ist für ihn das Leben ein »Geschäft«, ein schlechtes Geschäft, bei dem es letztlich doch nichts zu verdienen gibt? Schließlich kommt er ja immer wieder zu der Antwort: »Alles ist Windhauch ...!« Dies ist der erste und der letzte Satz seines Büchleins (1,2; 12,8). *Martin Luther* hat das hebräische Wort *hebel* mit »eitel« übersetzt, das bei ihm die Bedeutung von »nichtig, vergeblich« hatte. Ein eitler Fratz, der sich ständig vor dem Spiegel putzt, ist eben mit einem nichtigen, vergeblichen Geschäft beschäftigt. Ursprünglich hatte aber *hebel* eine sehr viel konkretere, sinnlich-stoffhafte Bedeutung. Im Hebräischen bezeichnet es den »Windhauch«, den »Luft- und Atemzug«. Von ihm ist der Name Abels *(habel)*, des von seinem Bruder Kain erschlagenen Viehhirten (1.Mose 4,1–16), abgeleitet. Abel, das ist eben der Mann, der sein Leben zu früh ausgehaucht hat.

Kohelet antwortet also auf die Frage nach dem Gewinn des Lebens: Windhauch! Alles ist nichtig, vergänglich, unfaßbar, unwiederbringlich wie ein Luftzug, ein Atemzug (1,14; 2,1.11.15.17. 21.23.26; 3,19; 4,4.8.16 u.ö.), ein »Haschen nach Wind« (1,14; 2,11.17.26; 4,4.16; 6,9 u.ö.). So macht Kohelet die durchaus schmerzliche Erfahrung, daß sich der Sinn des Lebens nicht über die Frage nach dem Gewinn des Lebens erschließt. Wer etwas zurückbehalten will, einen Vorteil, ein Guthaben in Händen halten möchte, der steht am Ende mit leeren Händen da:

> »Wie er aus dem Schoße seiner Mutter hervorging,
> nackt geht er fort, wie er kam,
> und seine Mühe trägt ihm gar nichts ein,
> das er mit sich nehmen könnte.« (5,14)

Denn das Ende ist der Tod, und am Tode scheitern alle klugen Berechnungen.

Der Tod als Geheimnis der Zeit

Die Abgründigkeit des Todes wird hinter den vielfältigen Reflexionen Kohelets immer wieder sichtbar. Gleich am Anfang und Ende seines Prologs (1,4–11) ist der Tod als unausgesprochener Gast ständig mit anwesend:

»Ein Geschlecht geht und ein anderes kommt;
doch die Erde bleibt ewig bestehen.« (1,4)

Eine Spannung tut sich auf. Hier das Kommen und Gehen der menschlichen Generationen, dort der dauerhafte Bestand der Erde. Vergehendes und Bleibendes, Dynamik und Statik, dieser Gegensatz weckt im Menschen die Ahnung der Beliebigkeit. Selbst der Gedanke, das Denken, kann nicht auf Dauer festhalten, was dem Gesetz der Zeit unterworfen ist:

»Kein Gedenken bleibt den Früheren;
aber auch den Späteren, die kommen, wird kein Gedenken
bleiben bei denen, die noch später sind.« (1,11)

Diese Prolograhmung enthält bereits die schmerzvolle Unruhe der Weisheit Kohelets. Und als wolle er die Richtigkeit seiner Erfahrungen und Empfindungen bestätigen, beginnt er ein Gedankenspiel, beginnt er den scheinbar aussichtslosen Versuch, sich selbst zu widerlegen.

Gedankenexperiment Nr. 1: Erwirb Weisheit!
Kohelet setzt sich fiktiv auf den Thron von Jerusalem (1,12), um aus der Position des Königs heraus aller Weisheit habhaft zu werden, die ein Mensch erlangen kann. Das Ergebnis:

»Bei viel Weisheit ist viel Ärger,
und mehrt man das Wissen, so mehrt man den Schmerz.«
(1,18)

Nicht daß die Weisheit völlig nutzlos sei (vgl. 2,13; 7,12.19), aber sie läßt sich nicht als ein Besitz festhalten, immer wieder entzieht sie sich dem Menschen. Je mehr er nach Weisheit strebt, um so mehr wird ihm auch deutlich, wieviel ihm davon verborgen bleibt:

»Ich sagte (mir): ›Ich möchte Weisheit erlangen!‹
Aber sie blieb mir fern.
Was ist, bleibt fern und tief, tief!
Wer kann es finden?« (7,23f.)

Weisheit verleiht dem Menschen also keinen dauerhaften Bestand. Sie hebt das Vergehen, die Zeit nicht auf, da sie immer nur Bruchstück bleibt.

Gedankenexperiment Nr. 2: »Versuche es mit der Freude!« (2,1)
Kohelet verschafft sich jeden Genuß, alles, was seine Augen begehren (2,10). Paläste und Parks, Knechte und Mägde, Viehherden,

Silber und Gold, Sänger und Sängerinnen und Frauen in Fülle (2,4 bis 8). Das Ergebnis dieser Steigerung des Lebensgenusses:

> »Alles ist Nichtigkeit und Haschen nach Wind,
> und es bleibt kein Nutzen unter der Sonne.« (2,11)

Gedankenexperiment Nr. 3: Wäge ab zwischen Weisheit und Torheit (2,12). Das ist die letzte Aufgabe, die sich Kohelet stellt. Hat nicht der Weise im Vergleich zum Toren doch einen Vorteil? Ja, er hat:

> »Und ich sah zwar, daß die Weisheit vor der Torheit einen
> solchen Vorteil hat wie das Licht vor der Finsternis.
> Der Weise hat Augen im Kopf;
> der Tor aber tappt im Finstern.« (2,13f.)

Doch auch dieser Vorteil der »Durchsicht«, die der Weise hat, ist ein Vorteil auf Zeit, kein bleibendes Gut. Beide ereilt nämlich letztlich doch das gleiche Geschick, der Tod!

> »Ach, der Weise stirbt genau wie der Tor!« (2,16)

Ja es ist sogar noch schmerzlicher. Selbst vor dem Tier hat der Mensch keinen bleibenden Gewinn:

> »Denn das Geschick der Menschenkinder und das Geschick
> der Tiere – sie haben ein und dasselbe Geschick.
> Wie diese sterben, so sterben auch jene.
> Den gleichen Odem haben sie alle,
> und es gibt für den Menschen keinen Vorteil vor dem Tiere.
> Ja, alles ist Nichtigkeit.« (3,19)

Alle Gedankenexperimente haben Kohelet die Vergeblichkeit der menschlichen Bemühungen um dauerhaften Bestand, Nachruhm und ein ehrendes Gedenken bestätigt. Der Mensch mag sein Leben auch noch so aktiv in die Hand nehmen, es bleibt ein Fragment (2,18f.). Weder die Fülle der Weisheit, noch ein Höchstmaß an Reichtum, kein gelungenes Werk können ihn retten vor dem Verrinnen der Zeit, vor dem Tod. Gegen ihn hilft keine List. So bleibt der Tod eine Grunderfahrung der Zeit. Denn alles, was der Zeit unterworfen ist, ist sterblich. Der Tod, das ist die letzte große Bestreitung von Lebenssinn und Lebensgewinn.

Es verwundert nach all dem Gesagten kaum, daß Kohelet auch am Ende seiner Schrift die Erfahrung des Alterns und Sterbens noch einmal ausführlich zu Wort kommen läßt. Mit hohem dichterischen Können beschreibt er die psychisch und physisch so überaus sensible letzte Lebensphase, ohne dabei an der Oberfläche der Empfindungen zu bleiben. Da genügt es ja beileibe nicht, die Daten des körperlichen Wohlbefindens und der noch vorhandenen Leistungsfähigkeit zu fixieren. Eine Gerontologie, die allein das Lied von der noch erlebbaren Schönheit und Schaffenskraft des Alters singt, wagt es nicht, dem Schmerz des Abnehmens ins Gesicht zu sehen. Wie erfährt ein alter Mensch das Schwinden seiner Kräfte, das Abnehmen seiner Welt- und Umweltkontakte, das Engerwerden des Aktions- und Erlebnisradius'? In unübertrefflicher Weise, aller selbstbetrügerischen Beschönigung widersprechend, dem Schmerz des Lebens auf der Lebensgrenze standhaltend, singt Kohelet sein Lied vom Alter und vom Tod:

12,1 »Denke an deinen Schöpfer in den Tagen deiner Jugend,
ehe die bösen Tage kommen und die Jahre sich nahen,
von denen du sagen wirst:
Sie gefallen dir nicht;
2 ehe die Sonne dunkler wird
und das Licht und der Mond und die Sterne
und ehe die Wolken nach dem Regen wiederkehren;
3 wann die Wächter des Hauses zittern
und die starken Männer sich krümmen,
wann die Mahlmägde nicht mehr arbeiten,
weil der Tag sich verdunkelt in den Fenstern;
4 wann die Tore nach draußen sich schließen
und der Laut der Mühle leiser wird;
wann der Laut der Vögel innehält
und alle Lieder schweigen;
5 wenn man sich fürchtet vor der Anhöhe
und auf dem Wege in Schrecken geht.
Dann blüht der Mandelbaum,
das Heupferd ist satt,
der Kapernstrauch gibt seine Frucht,
während der Mensch in sein ewiges Haus geht!
Auf der Straße gehen schon die Klagefrauen umher.
6 Ehe der silberne Strick zerreißt
und der goldene Leuchter zerspringt
und der Krug an der Quelle zerschellt
und das Rad am Brunnen zerbricht;

7 und der Staub zur Erde zurückkehrt, wie er war,
und der Odem zurückkehrt zu Gott, der ihn gegeben.«

Meisterhaft gelingt es dem Dichter durch ein Gleiten zwischen Bild und Wirklichkeit Erfahrungen des Alterns und Sterbens zu erfühlen. Da wird der Leib einem Haus verglichen, in dem es immer stiller und dunkler wird. Die Wächter (Arme) zittern, die starken Männer (Beine) krümmen sich. Die Mahlmägde haben ihre Arbeit eingestellt (Zähne) und die Fenster (Augen) verdunkeln sich (V. 3). Die Tore (Ohren) sind verschlossen und der Gesang der Vögel verstummt (V. 4). Der Mensch, gefangen und gehalten im Leibe wie in einem verschlossenen Haus. Und dann plötzlich reißt die Bildsprache auf wie eine Wolkendecke am Himmel und vor uns steht der Greis in seiner Wirklichkeit. Er ängstigt sich vor einem Anstieg, erschrickt auf dem Wege (V. 5). Jetzt läßt uns der Dichter mit ihm mitgehen durch die lebendige Natur, einen blendenden Frühlingstag, vom blühenden Mandelbaum zum vollgefressenen Heuschreck und dem berstenden Kapernstrauch. Das Erwachen und pralle Leben der Natur bildet einen wehmütigen Kontrast zum Vergehen des Greises. In all dem bereitet sich eine Ahnung vor, daß es der letzte Gang sein könnte; das sich Schleppen und Bersten, das ist der Mensch auf seinem Weg ins Grab (V. 5). Schon streifen die Klageweiber umher. Die Grenze ist erreicht. Nur ganz am Schluß wagt der Dichter es, über diese Grenze hinauszugreifen!? Der Leib wird wieder aufgenommen vom Staub der Erde, der Atem aber aufgesogen von Gott. Ein Hauch nur, das Leben der Menschen, aber ein Hauch von Gott. Der Schmerz der Todesgrenze bleibt. Der silberne Strick zerreißt, der Krug zerschellt (V. 6), Unwiederbringliches geht dahin. Aber es bleibt auch im Tode das Wissen: Ich gehöre nicht mir selbst. Gott und die Erde haben ein Recht auf mich.

Hat der Tod also doch nicht das letzte Wort? Ist er das letzte Geheimnis der Zeit, weil er den Menschen unwiderruflich mit seiner Zeitlichkeit konfrontiert? Sind an ihm bisher nicht alle Lebens- und Gedankenexperimente gescheitert? Was also bleibt dem Menschen, wenn ihm die Dauer versagt ist?

Der Augenblick als Gabe des Lebens

Kohelet hatte sich in seinen Experimenten große Aufgaben vorgenommen. Von ihrer Erfüllung versprach er sich ein bleibendes Ansehen. Aber das Ergebnis seines autonomen Schaffens war deprimierend:

»Ja, was bleibt dem Menschen von all seiner Mühe
und seinem Streben, womit er sich abmüht unter der Sonne?
Wirklich: All seine Tage sind ... Schmerzen,
und seine Beschäftigung ... ist Ärger.
Selbst des Nachts kommt sein Geist nicht zur Ruhe.
Auch das ist Nichtigkeit.« (2,22f.)

In der Stunde des Scheiterns, in der Kohelet das Leben wie in schlaflosen Nächten zerrinnt, entdeckt er die Gabe und den Geber des Lebens. Wohl bleibt ihm die Dauer versagt. Doch in der Begrenzung entdeckt er die Heilsamkeit des Augenblicks:

»Es gibt für den Menschen nichts Besseres
als zu essen und zu trinken
und es sich wohl sein zu lassen bei seiner Mühe.
Denn auch dieses, habe ich eingesehen,
kommt von Gottes Hand.« (2,24)

Aufgrund der gemachten Erfahrungen orientiert Kohelet seine Leser immer wieder darauf, sich Gewinn und Sinn des Lebens in Gestalt der guten Gaben der Schöpfung schenken zu lassen und sich ihrer dankbar zu erfreuen (3,12f.22; 5,17; 8,15; 9,7–10). Essen und Trinken, Brot und Wein, weiße Kleider, das Öl des Hauptes und die Liebe mit der Frau, die Gott dir gegeben unter der Sonne (9,9), das ist der Anteil am Leben, der dem Menschen zukommt. Nicht für immer und ewig, aber von Zeit zu Zeit und zu je seiner Zeit fällt dem Menschen die Freude zu. Deswegen gilt es, die rechte Zeit nicht zu versäumen:

»Alles, was deine Hand zu tun findet,
das tue, solange du es vermagst.
Denn es gibt kein Tun und Planen,
nicht Wissen und Weisheit in der Scheol,
dahin du gehst.« (9,10)

Weil der Mensch den Gesetzen der Zeit unterworfen ist, dem Werden und Vergehen, bringt er sich um die Freude des Lebens, wenn er immer nur darauf aus ist, die Zeit zu überlisten, sich einen Gewinn jenseits der Todesgrenze zu erschachern. An die Stelle der Illusion, seinem Leben durch Weisheit und Werke Dauer auch über den Tod hinaus erwirken zu können, wirbt Kohelet für die bescheidenere Aufmerksamkeit für den rechten Augenblick. Er tut es mit einem großen Gedicht, das eine verzweigte literarische Wirkungsgeschichte bis hinein in die Rockmusik unseres Landes hat:

These

1 »Alles hat seine Stunde,
und eine Zeit (ist bestimmt) für jedes Vorhaben
unter dem Himmel.«

Durchführung

2 »Eine Zeit fürs Geborenwerden
und eine Zeit fürs Sterben;
eine Zeit fürs Pflanzen,
und eine Zeit, das Gepflanzte auszureißen.
3 Eine Zeit, zu töten,
und eine zu heilen;
eine Zeit, einzureißen,
und eine Zeit, aufzubauen.
4 Eine Zeit, zu weinen,
und eine Zeit, zu lachen;
eine Zeit, zu klagen,
und eine Zeit, zu tanzen.
5 Eine Zeit, Steine zu werfen,
und eine Zeit, Steine zu sammeln.
Eine Zeit, zu umarmen,
und eine Zeit, der Umarmung sich zu enthalten.
6 Eine Zeit, zu suchen,
und eine Zeit, zu verlieren;
eine Zeit, aufzubewahren,
und eine Zeit, wegzuwerfen.
7 Eine Zeit, zu zerreißen,
und eine Zeit, zu nähen;
eine Zeit, zu schweigen,
und eine Zeit, zu reden.
8 Eine Zeit, zu lieben,
und eine Zeit, zu hassen;
eine Zeit für den Krieg,
und eine Zeit für den Frieden.«

Lehrfrage

9 »Was hat der, der handelt, davon,
daß er sich abmüht?« (3,1–9)

Der Dichter formuliert eine Ausgangsthese (V. 1), in der er daran erinnert, daß es für jedes Tun und Erleben eine vorgegebene Zeit gibt. Diese wird offensichtlich nicht in jedem Falle vom Menschen bestimmt. In vierzehn Gegensatzpaaren (V. 2–8) führt Kohelet seinen Lesern diese Erkenntnis vor. Die Zahl der Gegensatzpaare ist wahrscheinlich kein Zufall. Die Sieben war nicht nur im alten Israel eine Symbolzahl. Die Woche hat sieben Tage. Gott vollendete am siebten Tag die Schöpfung und erklärte ihn zum Sabbat (1.Mose 2,2). Die Sieben umschreibt eine Ganzheit, eine abgeschlossene Größe. Zur Steigerung der Aussage hat man den Zahlenwert nicht selten verdoppelt (2 × 7 = 14). Doppelt hält besser. Wollte der Dichter mit der Zahl seiner Gegensatzpaare bereits andeuten, daß wirklich alles seine Zeit und Stunde hat, daß nichts von dieser Erfahrung ausgespart bleibt und die Liste der Alltäglichkeiten beliebig fortgesetzt werden könnte?

Eine weitere, das Gedicht beherrschende Größe ist das hebräische Nomen *et* (= Zeit), das stereotyp in jeder Zeile wiederkehrt. Es gibt das Thema an, weckt aber gleichzeitig durch die ständige Wiederholung den Eindruck, daß kein Mensch dem Netz der je und je bestimmten Zeit zu entkommen vermag.

Keiner sucht sich die Zeit seiner Geburt und seines Todes aus, sie ist bestimmt. Ebenso die Zeit zum Pflanzen und Ernten, die durch den Vegetationsrhythmus vorgegeben ist. Wer hätte je selbst über Weinen und Lachen, Liebe und Haß verfügt? Wer macht sich auf die Suche, weil er absichtlich etwas verlor? Und selbst in solchen Gegensatzpaaren, die ohne menschliche Initiative und seinen tätigen Willen nicht gedacht werden können, fällt auf, daß das Tun des Menschen nicht unabhängig von einem rechten, gegebenen Augenblick erfolgt. Der Mensch zerreißt sein Kleid, wenn es nicht mehr zu gebrauchen ist, oder als Zeichen der Trauer, wenn einer seiner Angehörigen starb (Hiob 1,20). Kennt er die Stunde? Er näht es zusammen, wenn es vor seiner Zeit zerriß, aber noch gebraucht wird, oder wenn die festgelegte Trauerzeit vorüber ist. Hat er sich den Augenblick ausgesucht? Oder wie ist das mit dem Schweigen und Reden? Sicher, der Mensch kann in der Regel selbst darüber entscheiden, ob er seinen Mund aufmachen soll oder nicht. Und doch kennt jeder die Erfahrung, daß es Augenblicke gibt, in denen sich jedes Reden von selbst verbietet, da uns der Mund verschlossen bleibt. Ein großer Schmerz (Hiob 2,13), eine entsetzliche Angst halten die Worte zurück. Andererseits gibt es wieder Stunden, in denen wir reden müssen: »Wovon das Herz voll ist, davon redet der Mund« (Lk 6,45).

Kohelet macht also die Erfahrung, daß die vorgegebene Zeit der Autonomie deutliche Grenzen setzt. Der Mensch kann nicht über Geburt und Tod, Glück und Unglück, Initiative und Abwarten frei verfügen. Er muß vielmehr die ihm verfügten Zeiten hinnehmen, es lernen, den geeigneten, gegebenen Augenblick zu erkennen. So stellt er zum Abschluß seines Gedichtes noch einmal die Lehrfrage nach dem Lebensgewinn (V. 9). Dieser erschließt sich offensichtlich nicht im forschen Darauflosexperimentieren, in der rastlosen menschlichen Bemühung, seines eigenen Glückes Schmied zu sein. Nicht er hat die Zeit im Griff, sondern die Zeit hat ihn. Und diese Zeit ist kein leerer, sich gleichbleibender Strom. Vielmehr ist sie gefüllt mit den unterschiedlichsten Vorgaben, die der Mensch nicht einfach ignorieren kann. Er muß sein Verhalten und die jeweiligen Zeitvorgaben verträglich aufeinander abstimmen. Das bedeutet nicht, daß Kohelet einer passiven Lamorianz das Wort redet, einem resignierten Rückzug von jeglicher Welt- und Lebensgestaltung, da ja doch alles determiniert sei, der Mensch am Lauf des Lebens und am Lauf der Zeit ja doch nichts ändern könne. Dem widersprechen schon einige der Gegensatzpaare selbst. Sie legen es dem Leser ja durchaus nahe, den vorgegebenen Zeitpunkt nicht zu verpassen, sondern das zu tun, was an der Zeit ist. Wenn die Zeit des Pflanzens gekommen ist, dann ist es eben lebensnotwendig, sie auch zum Pflanzen zu nutzen. Gleiches gilt vom Ernten, Einreißen und Aufbauen, Schweigen und Reden. Die Kohelet vorgegebene Weisheit steckt voller Beispiele von Menschen, die sich schädigen, indem sie durch Faulheit und Torheit den je gegebenen Zeitpunkt versäumen (Spr 6,6–11; 10,5; 20,4; Koh 4,5; 5,1.3; 7,8f.). Und Kohelet selbst fordert kräftig zum Tun auf (9,10; 11,4ff.), ermutigt, sich von Widrigkeiten nicht abhalten zu lassen. Die Vorgaben der Zeit determinieren den Menschen offensichtlich nicht total, jedenfalls nicht in dem Sinne, daß er auf allen Lebensfeldern zur passiven Hinnahme des Geschehens verurteilt wäre. Er behält Spielräume des Entscheidens und Wirkens. Es gibt Lebens- und Tätigkeitsbereiche, Zeiträume, in denen der Mensch durch aufmerksames und kluges Handeln den Gegebenheiten entsprechen kann. Für ihn gilt das von Rabbi Akiba (2. Jh. n. Chr.) formulierte Wort:

> »Alles ist vorhergesehen, aber es ist Willensfreiheit gegeben.« (Abot III, 19)

Der Mensch hat offensichtlich immer noch die Möglichkeit, sich für oder gegen eine Fülle von Zeitvorgaben zu entscheiden, sie klug zu nutzen oder töricht außer acht zu lassen. Deswegen ist die Lehrfrage, die das Gedicht beschließt (V. 9), eine echte Frage. Kann in der Wahrnehmung der vorgegebenen Zeiten auch ein Gewinn stekken, oder degradieren diese den Menschen lediglich zur Marionette?

Zunächst einmal kann die Erfahrung und Wahrnehmung vorgegebener Zeiten durchaus auch einen tröstlichen Aspekt haben und entlastend wirken. Im Rhythmus der Jahreszeiten darf ich mich darauf verlassen, daß dem Winter ein Sommer folgt (1.Mose 8,22), der Nacht ein neuer Morgen (1.Mose 1,14–18). Der vorgegebene Rhythmus befreit mich von der Last, ständig selbst entscheiden zu müssen, wann was zu tun sei. Und selbst Zeiten, die keinen strengen Rhythmus kennen, Krankheit und Heilung, Glück und Unglück, lassen sich mitunter leichter bestehen, wenn der Mensch es lernt, sie hinzunehmen. Denn es gibt für den Menschen unvermeidbares Leid und Unglück, das durch seine Aktivität nicht ungeschehen gemacht werden kann. Mit ihm muß er lernen zu leben. Eine ständige Rebellion dagegen würde ihn nur noch fester auf dieses Leid fixieren. Deswegen kann Kohelet empfehlen:

»Am guten Tag sei guter Dinge,
und am bösen Tag sieh ein,
daß Gott auch diesen wie jenen gemacht hat,
damit der Mensch nichts hinter sich finde.« (7,14)

Hier wird dem Tun Gottes Raum gegeben. Er gibt die Zeiten vor, füllt sie mit Gutem und Bösem. Kohelet läßt Gott die Freiheit, das zu tun, was ihm richtig scheint, auch wenn es sich der Einsichtigkeit des Menschen entzieht. In einer theologischen Meditation, die er an sein großes Gedicht über die Zeit anschloß, ist er zu dieser Einsicht durchgedrungen:

»Ich besah (mir) die Plage, die Gott den Menschenkindern
auferlegt, sich damit zu plagen.
Er macht all und jedes trefflich für seine Zeit.
Zwar hat er ihnen auch eine Vorstellung vom gesamten
Zeitenablauf gegeben, doch ohne daß der Mensch das Werk,
das Gott vollbringt, vom Anfang bis zum Ende erfassen
könnte.« (3,10f.)

Die Plage des Menschen und Gottes schöpferisches Tun werden hier nebeneinandergestellt. Es wird nichts beschönigt. Das Tun des Menschen bleibt mühselig. Ja es bleibt sogar Mühsal und Plage von Gott. Dieser steht aber das Tun Gottes zur Seite. Gott hat alles trefflich gemacht für seine Zeit. Der aufmerksame Leser wird sofort an die Schöpfungserzählung erinnert, in der die Tagewerke Gottes immer wieder auf die Feststellung zulaufen »... und siehe, es war sehr gut« (1.Mose 1,4.10.12).

Aber es gibt für den Menschen Grenzen der Einsicht in das Gute, in das, was für ihn gut ist. Wohl hat Gott ihm éine Ahnung vom Ganzen der Zeit ins Herz gesenkt, doch es ist ihm nicht möglich, das ganze Werk Gottes wirklich zu durchschauen. »Gott ist größer als unser Herz« (1.Joh 3,20). Diese Erfahrung war dem weisen Kohelet bereits zur Gewißheit geworden. An Gottes freiem Tun findet des Menschen weises Erkennen seine Grenze. Der Mensch hat eine Ahnung davon. Er erfährt es im je und je gegebenen Augenblick, aber das Ganze bleibt ihm verborgen. Das Erkennen dieser Grenze bedeutet Schmerz und Befreiung zugleich. Schmerz, weil mir der Sinn der täglichen Mühen so oft verschlossen ist, weil das Gelingen des Lebens meinen Händen immer wieder entgleitet. Befreiung, weil mir nicht die Last und Verantwortung für das Ganze, für den Sinn und das Gelingen meiner Tage abgefordert wird. Ich darf mich mit dem mir zukommenden Teil, dem Glück des Augenblicks anfreunden. Dieser hat einen Wert in sich. Das Glück des Augenblicks ist jedenfalls zu wertvoll, als daß es um den Preis des Ganzen verspielt werden dürfte!

> »So sah ich ein, daß es für den Menschen nichts Besseres gibt, als sich bei seinem Tun zu erfreuen; denn dies ist sein Lohn. Denn wer ließe ihn dahin gelangen, das zu sehen, was nach ihm sein wird?« (Koh 3,22)

KAPITEL VII

Ein Weiser aus Galiläa

Die bisher skizzierte Weisheit Israels wirkte auch in der nachalttestamentlichen Zeit weiter. Sie erlebte eine intensive Fortführung im Frühjudentum und in der frühen Christenheit. Darüber im einzelnen Rechenschaft zu geben, das würde den Rahmen dieses Buches sprengen. Doch wenigstens ein Ausblick auf dieses Nach- und Weiterleben der Weisheitslehre soll unser Nachdenken über sie beschließen.

Weisheit und Tora

Die bedeutsamste theologische Entwicklung der Lehrweisheit im Frühjudentum vollzog sich im zunehmenden Zusammendenken von »Weisheit« und »Tora«. Auch die frühchristliche Weisheit ist nur von diesem Phänomen her zu verstehen. Die Tora bezeichnet dabei die göttliche, durch Mose vermittelte Weisung vom Sinai, wie sie vor allem im sogenannten Pentateuch, den fünf Büchern Mose, ihren Niederschlag gefunden hat. Im Zuge der Übersetzung der Hebräischen Bibel ins Griechische (Septuaginta) wurde es üblich, das hebräische Wort *torah* (= Weisung) durch das griechische *nomos* (= Gesetz) wiederzugeben. Dadurch kam es zu einer Engführung im Verständnis dessen, was Tora sei. Sie ist nämlich keineswegs nur ein Gesetzbuch in unserem Sinne. Das wird jedem deutlich, der die fünf Bücher Mose liest. Diese enthalten weit mehr als nur gesetzliche Weisungen. Sie stecken auch voller Erzählungen, die Trost und Hoffnung wecken, Mut und Freiheit einüben. Man denke nur an Israels Befreiungsgeschichte aus Ägypten im 2. Buch Mose. All das ist Tora, Weisung JHWHs für sein Volk Israel. Das hebräische Nomen *torah* ist von dem Verb *jarah* abgeleitet, das die Bedeutung »zeigen, unterweisen« hat. Vom gleichen Wortstamm leitet sich das Nomen *moräh* (= Lehrer) her, das uns auch in der Weisheitsliteratur begegnet (Spr 5,13; Hiob 36,22). So kann das Nomen *torah* im Buch der Sprüche Salomos immer wieder auch die weisheitliche Unterweisung der Kinder durch Eltern und Lehrer bezeichnen (Spr 1,8; 6,20; 13,14; 28,7.9). Die Weisung des Mose vom Sinai und die Unterweisung der Kinder durch Eltern und Lehrer sind wohl nicht miteinander identisch. Die eigentliche Tora ist dem Juden die Tora des Mose. Und doch benutzt er ein und dasselbe Wort, um damit auch den Vorgang der weisheitlichen Belehrung zu kennzeichnen. Beide, die Tora des Mose und die weisheitliche Tora stellten einen Unterweisungsakt dar.

Die Tora des Mose war wohl in erster Linie als Volksunterweisung gedacht. Deswegen fanden in ihr auch die grundlegenden Daten der nationalen Geschichte Israels (Erzväter, Exodus, Landnahme) Eingang. Die weisheitliche Tora war in ihren Anfängen jedenfalls Familienunterweisung, in der es eher um die Fragen des familiären und individuellen Wohlergehens ging als um den Bestand der Nation. Beide Ebenen lassen sich natürlich nie lupenrein voneinander trennen. Es gab Überlappungen und Annäherungen. Aber man muß sie doch unterscheiden lernen. So gibt es sichere Anzeichen dafür, daß schon in alttestamentlicher Zeit die sogenannte mosaische Volkstora mit Elementen weisheitlicher Familientora verknüpft wurde.

Das 5. Buch Mose kennzeichnet die Beziehung JHWH – Israel mit dem weisheitlichen Schema der Vater-Sohn- oder Lehrer-Schüler-Beziehung (1,31;8,5;32,6f.). Und dem Halten der Gebote wird wie in der Weisheit dem Hören auf die Lehre ein langes und glückliches Leben in Aussicht gestellt (4,40;5,29;6,2.24), ja es werden geradezu Formen des »Hauskatechumenats« entwickelt, die die Themen der Volkstora in die Familientora integrieren (6,4–13.20–25). Und die Gottesfurcht als klassisches Thema der Weisheit begegnet immer wieder (6,2.13.24; 8,6; 10,12.20; 13,5 u. ö.). Auch in den Psalmen läßt sich diese Verbindung von nationalem und weisheitlichem Denken zeigen (Ps 1; 2; 14; 111; 119).

Wenn also die Tora des Mose vom Sinai in den klassischen Weisheitsschriften keinen direkten Eingang fand, so mag das mit an den unterschiedlichen Ebenen der Unterweisung liegen, auf denen das jeweilige Schrifttum Verwendung fand. Daß beide Größen aber schon in alttestamentlicher Zeit nicht völlig beziehungslos nebeneinander standen, das haben wohl die wenigen Andeutungen bisher erkennen lassen. Bereits die soziologischen Überlegungen zum Ort der Weisheit konnten deutlich machen, daß es schon in frühester Zeit enge Verbindungen zwischen der Weisheits- und der Rechtspraxis in Israel gab, die ja auch in der Tora des Mose ihren Niederschlag fand.

Auch die Herausgeber des Buches Kohelet waren offensichtlich bemüht, Weisheit und Gesetz nicht völlig auseinanderfallen zu lassen:

»Über dies hinaus, mein Sohn, laß dich warnen!
Das viele Büchermachen nimmt kein Ende,
und vieles Studieren ermüdet den Leib.
Schluß der Rede. Alles ist gehört.
Fürchte Gott und halte seine Gebote!
Denn das ist die Pflicht jedes Menschen.« (Koh 12,12f.)

Wahrscheinlich wollten sie mit diesem Nachwort die Rechtgläubigkeit Kohelets verteidigen. Eine vom Tun der Gebote abgelöste Bücherweisheit und Gottesfurcht vermochte das Leben wahrlich nicht zu sichern. Vielleicht gab es Vorwürfe gegen Kohelet: War das noch israelitisch-jüdischer Glaube, der da entfaltet wurde? War das nicht nur eine Form allgemeiner Religiosität, die Kohelet predigte? War er mit seiner Art, Gott und die Welt zu denken, nicht längst in die Gefilde hellenistischer Popularphilosophie abgewandert? War das noch JHWH, der Gott Israels, von dem er redete? Solchen kritischen Rückfragen versuchten die Herausgeber mit dem Argument zu begegnen: Die Weisheit Kohelets, das ist doch nur eines der vielen Bücher, das kann natürlich beileibe nicht alles sein, was die junge Generation in Israel zu lernen und vor allem zu tun hat. Neben die Lehre Kohelets gehört dic Tora des Mose vom Sinai, neben das Bücherstudium das Tun der Gebote.

Nicht lange danach, im 2. Jh. v.Chr., greift das apokryphe Buch Jesus Sirach diesen Gedanken erneut auf, um nun die Tora des Mose fast mit der Weisheit zu identifizieren:

»Alle Weisheit ist Furcht des Herrn,
und in jeder Weisheit liegt die Erfüllung des Gesetzes.«
(Sir 19,20)

Dieser bei Sirach immer wieder begegnende Gedanke einer Einheit von Weisheit und Tora (1,26;6,37;32,14ff.) wurde von ihm in einem eigenen Weisheitslied entfaltet (24,23ff.). So sind nun in der Folgezeit Weisheit und Gesetz nicht mehr voneinander zu trennen. Der gesetzestreue Jude wird zum wahren Weisen! Dem Gerechten werden – wie wir aus einem anderen apokryphen Buch erfahren (4. Esra) – alle Gaben Gottes einschließlich der Weisheit zuteil:

»Denn für euch ist
das Paradies eröffnet,
der Lebensbaum gepflanzt;
der zukünftige Äon zugerüstet,
die Seligkeit vorherbestimmt;
die Stadt erbaut,
die Heimat auserwählt;
die guten Werke geschaffen,
die Weisheit bereitet.« (4. Esra 8,52)

Spüren wir der Weisheit im Frühjudentum und im Neuen Testament nach, dann wird es wichtig sein, diese Verbindung von Weisheit und Tora von nun an immer mit im Blick zu behalten. Es wäre interessant, der Frage nachzugehen, was in der Zeit zwischen den beiden Testamenten zu dieser verstärkten Integration der Tora in die Weisheit geführt hat. Kam angesichts der drohenden hellenistischen Überfremdung des Judentums und der zunehmenden Diasporaerfahrungen der Familie eine erhöhte Bedeutung für die Vermittlung auch der nationalen Unterweisung zu? Oder kam es durch die zunehmende Einrichtung von Schulen zu einer neuen Institution, in der familiär-weisheitliche und national-religiöse Traditionen verstärkt zusammenflossen? Wie dem auch sei, es gehörte von nun an zu den Grundsätzen des rabbinischen Judentums, die Einheit von Weisheit und Tora, Leben und Lehre, in immer neuen Variationen zu entfalten. So lehrte Rabbi Hillel, ein Zeitgenosse Jesu:

»Mehr Tora, mehr Leben;
mehr Schule, mehr Weisheit;
mehr Beratung, mehr Einsicht;
mehr Wohltätigkeit, mehr Frieden.« (Abot II,8)

Und ganz deutlich ist auch, daß es bei dieser Verbindung nicht nur um die Verknüpfung von Texten und Gedanken ging. Es ging vielmehr um die Einheit von Gottesfurcht und Tat, von weisheitlicher Lebenspraxis und mosaischem Gesetzesgehorsam:

»Einst waren Rabbi Tarphon und die Ältesten im Obergemach des Hauses Nitsa in Lud versammelt, da wurde unter ihnen diese Frage gestellt: Ist Studium größer, oder ist Tun größer? Rabbi Tarphon antwortete und sagte: Tun ist größer; Rabbi Akiba antwortete und sagte: Studium ist größer. Da antworteten alle und sagten: Studium ist größer, denn das Studium führt zum Tun.« (Qiddushim 40b)

Das Studium der mit der Weisheit identifizierten Tora zielt also auf das Tun, auf eine bewußte Lebenspraxis. So wurde der Weise im Frühjudentum der Torakundige, der Schriftgelehrte, der ordentliche Rabbi. Die Rabbinen verschmolzen Weisheit und Torafrömmigkeit zu einer Lebenspraxis, die der jüdischen Religion bis in unsere Tage hinein ihr Gepräge gab.

Der Rabbi aus Nazaret

Der Evangelist Markus erzählt uns, Petrus habe, nachdem er mit Jesus, Jakobus und Johannes gemeinsam auf den Berg der Verklärung gestiegen sei, gesagt:

> »Rabbi, es ist gut, daß wir hier sind.« (Mk 9,5)

An dieser kleinen Szene wird erkennbar: Jesus wurde als Rabbi bezeichnet (vgl. auch Mt 26,25.49; Mk 11,21; 10,51; Joh 1,38; 4,31), und er hatte Schüler (Mt 5,1; 13,10; 14,15; 10,1; Mk 4,34 u. ö.). Das entspricht ganz den Zeugnissen, wonach dieser Rabbi Jesus in den Synagogen lehrte (Mk 1,21 ff.; Lk 4,15.44). Unter seinen »Biographen« wußte man sich sogar zu erzählen, daß schon die Weisheit des Kindes Anerkennung bei den Lehrern des Tempels gefunden habe:

> »Es erstaunten aber alle, die ihn hörten, über seine Einsicht und seine Antworten.« (Lk 2,47)

Es besteht wenig Grund, solchen Erinnerungen in den Evangelien zu mißtrauen, die Jesus im Gewand eines weisen Rabbi zeigen. Als »Rabbi« bezeichnete man zur Zeit Jesu nicht nur die eigens dazu ausgebildeten und ordinierten Schriftgelehrten. Auch schriftkundige »Laien-Lehrer« und »Laien-Prediger« konnten mit »Rabbi« angeredet werden. *Rainer Riesner* kommt in seiner großen Untersuchung über »Jesus als Lehrer« zu dem Ergebnis: »Jesus hat keine ›höhere‹ schriftgelehrte Ausbildung absolviert. Aber sein frommes, in davidische und priesterliche Traditionen eingebettetes Elternhaus, der Besuch der Synagogen in Nazareth und Umgebung sowie die regelmäßigen Wallfahrten nach Jerusalem konnten ihm ein großes Maß vor allem an biblischem Wissen verschaffen« (S. 244). Angesichts dieser zuverlässigen Traditionen und Erinnerungen an den weisen Rabbi Jesus stellt sich die Frage nach seiner Lehre.

Von den Weisheitslehrern aus alttestamentlicher und zwischentestamentlicher Zeit gibt es eigene Weisheitsschriften. Warum findet sich im Neuen Testament kein Buch, das den Charakter einer solchen Weisheitsschrift hat? Ein wenig formelhaft ließe sich sagen: weil das gesamte Neue Testament nicht so sehr die Absicht hat, »Weisheiten Jesu« zu verkündigen, sondern diesen Jesus selbst, ihn als Person – und ihn als personifizierte Weisheit! In der Antwort deutet sich eine Schwierigkeit der Fragestellung an. Denn die Person Jesu läßt sich schlecht von seiner »Lehre« trennen. Aus diesem Grunde hat man wohl schon zu Lebzeiten Jesu damit begonnen, unter Anhängern seine Lehre zu lernen, zu memorieren, zu bewahren. Ja, Jesus selbst folgte der lebendigen Tradition der alttestamentlichen Spruchdichter, indem er seine »Weisheit« in knappen, prägnanten, zum Auswendiglernen geeigneten Lehrsummarien und Meschalim (= Sprüche) formte (*R. Riesner*, Jesus, S. 357ff.).

Nun hat die neutestamentliche Forschung festgestellt, daß man wohl gar nicht lange nach dem Tod Jesu dieses weisheitliche Lehrmaterial in einer sogenannten »Spruchquelle« (Q) sammelte und schriftlich festhielt. Es gab also in den urchristlichen Gemeinden ein »Buch der Sprüche Jesu«, eine »Logienquelle«, die der innergemeindlichen Unterweisung diente. Die Gestalt und der Umfang dieser Logienquelle (Q) läßt sich aus dem Matthäus- und dem Lukasevangelium noch recht gut rekonstruieren. Damit steht am Anfang der Jesusüberlieferung eine Schrift, die den alttestamentlichen und frühjüdischen Weisheitsschriften in manchem geähnelt haben wird.

Nur einige Beispiele sollen dies illustrieren. Aus der Weisheitsliteratur kennen wir bereits die Sprachform des antithetischen Parallelismus membrorum. Jesus hat sich seiner immer wieder bedient:

> »Wenn nun dein Auge gesund ist, wird dein ganzer Leib licht sein.
> Wenn aber dein Auge schlecht ist, wird dein ganzer Leib finster sein.« (Mt 6,22ff.)
>
> »Die Ernte ist groß,
> aber der Arbeiter sind wenige.« (Mt 9,37)
>
> »Glaubet nicht, ich sei gekommen, Frieden auf die Erde zu bringen.
> Ich bin nicht gekommen, Frieden auf die Erde zu bringen, sondern das Schwert.« (Mt 10,34)

»Wer sein Leben gefunden hat, der wird es verlieren, und wer sein Leben verliert um meinetwillen, der wird es finden.«

(Mt 10,39)

In der zur ehemaligen Logienquelle gehörenden Überlieferung hat man über hundert solcher antithetischer Parallelismen gezählt.

Eine ebenfalls aus der Weisheitsliteratur bekannte Spruchform stellen die »Seligpreisungen« dar. So wie in der Weisheit Weise und Gerechte glücklich gepriesen werden (Spr 3,13;8,32.34;20,7;28,14; Ps 1,1 u.ö.), so empfängt Jesus seine Hörer auf dem Berge:

»Selig die Armen im Geiste, denn ihrer ist das Himmelreich.
Selig die Trauernden, denn sie werden getröstet werden.
Selig die Sanftmütigen, denn sie werden das Land besitzen …« (Mt 5,3ff., vgl. Lk 6,20ff.)

Das waren nur zwei Beispiele dafür, wie sich Sprachformen der Weisheitslehre bis in die Verkündigung Jesu hinein durchgehalten haben.

Jesus übernimmt aber nicht allein Sprach- und Lehrformen der Weisheit. Als schriftkundiger Rabbi kennt er auch ihre Inhalte und weiß sie zu zitieren. So hat er zum Beispiel in seinem Gleichnis vom königlichen Hochzeitsmahl (Mt 22,1–14) die Tradition vom Gastmahl der Weisheit aufgegriffen (Spr 9, 1–6) und neu gestaltet (vgl. auch Mt 7,8 mit Spr 8,17; Mt 25,40 mit Spr 19,17). An anderer Stelle weist Jesus auf die Weisheit des Königs Salomo hin:

»Die Königin des Südens (von Saba) wird beim Gericht zusammen mit diesem Geschlecht auftreten und es verurteilen. Denn sie kam von den Enden der Erde, um die Weisheit Salomos zu hören. Und siehe, hier ist mehr als Salomo.«

(Mt 12,42)

Jesus setzt sich in Beziehung zu Salomos Weisheit, indem er 1.Kön 10,1–10 zitiert. Auch Mt 6,29 enthält eine Anspielung auf den Besuch der Königin von Saba bei Salomo. Die Beispiele mögen genügen, um zu verdeutlichen, daß Jesus die weisheitlichen Traditionen seines Volkes Israel kannte, in ihnen lebte und sie in seiner Lehrtätigkeit weiterführte.

In alledem übernahm er selbstverständlich die Verknüpfung von Weisheit und Gesetz und legte sie seiner ganz eigenen Gesetzesauslegung zugrunde. Am deutlichsten wird das in den sogenannten Antithesen der Bergpredigt:

»Ihr habt gehört, daß zu den Alten gesagt worden ist:
›Du sollst nicht töten.‹ Wer aber tötet, der soll dem Gericht verfallen.
Ich aber sage euch darüber hinaus: Jeder, der seinem Bruder zürnt, soll dem Gericht verfallen sein ...« (Mt 5,21 f.)

Immer wieder enthält diese Gesetzesauslegung Jesu Anspielungen auf Israels Weisheit, vor allem auf das Buch Jesus Sirach. In der Auslegung des Tötungsverbotes greift Jesus auf Sir 10,6; 28,2 und Spr 17,14 zurück. Bei der Auslegung des Ehebruchverbotes schärft der Rabbi aus Nazaret seinen Hörern ein:

»Jeder, der eine Frau begehrlich anblickt, hat in seinem Herzen schon die Ehe mit ihr gebrochen.« (Mt 5,28)

Welcher Weise erinnerte sich dabei nicht an Hiobs Unschuldserklärung –

»Mit meinen Augen schloß ich einen Bund,
nie eine Jungfrau lüstern anzusehen.« (Hiob 31,1)

– oder an die Mahnung Jesus Sirachs?

»Auf eine Jungfrau richte nicht deinen Blick,
damit du nicht mit ihr bestraft werdest.« (Sir 9,5)

Rabbi Jesus ist uns Christen die Brücke zwischen der Weisheit Israels und der Weisheit des Neuen Testaments und der urchristlichen Gemeinden.

Es kann gar kein Zweifel bestehen, daß die Weisheit von ihren Anfängen bis in die Lehrsprüche des Rabbi aus Nazaret viele Umbrüche erfahren hat. Auf diesem Weg gab es Phasen der kritischen Auseinandersetzung mit den vorgegebenen Lehrmaximen (Hiob, Kohelet). Verbindungen zu andersartigen Überlieferungsstoffen wurden intensiviert (Tora). Aber immer ist etwas vom alten Geist der Weisheit lebendig geblieben, vom Versuch, Ordnungen zu fixieren, Regeln des alltäglichen Umgangs miteinander zu finden, den Zusammenhang von Tun und Ergehen nicht aus dem Blick zu verlieren:

»Alles nun, was ihr wollt, daß euch die Leute tun,
das sollt auch ihr ihnen tun; denn das ist das Gesetz und die Propheten.« (Mt 7,12)

»Bittet, und es wird euch gegeben werden.
Suchet, und ihr werdet finden.
Klopfet an, und es wird euch aufgetan werden.« Mt 7,7)

Auch die Klugheit und das Wissen um die Grenzen ist geblieben, die Einsicht in die Unberechenbarkeit des Lebens, in dunkle und unaufklärbare Phänomene, das Angewiesensein auf den Schöpfer:

> »Der Wind weht, wo er will, und du hörst sein Sausen;
> aber du weißt nicht, woher er kommt und wohin er geht.«
> (Joh 3,8, vgl. Koh 11,5)
>
> »Sorget euch also nicht um den morgigen Tag,
> denn der morgige Tag wird für sich selber sorgen.
> Jeder Tag hat genug an seiner eigenen Plage.« (Mt 6,34)

Jesus – der messianische Weisheitslehrer

Wir würden der Weisheit des Rabbi aus Nazaret kaum gerecht, wenn wir sie allein in ihrer Kontinuität zur Weisheit Israels nachzeichneten. Es lassen sich an ihr auch Momente erkennen, die den Weisheitslehrer Jesus in ein ungewohntes Licht rücken. Dabei läßt sich nicht immer ausmachen, ob er sich selbst in diesen besonderen Lichtkegel stellte oder ob es der Glanz ist, in dem ihn seine gläubigen Anhänger nach seinem Tod und seiner Auferstehung erstrahlen ließen.

Vielleicht wurde das dem aufmerksamen Leser bereits im Zusammenhang der Wiederaufnahme des Besuches der Königin von Saba bei Salomo im Matthäusevangelium deutlich. Da stand der Satz: »Und siehe, hier ist mehr als Salomo« (Mt 12,42). Diese Aussage erinnert uns an Kohelet, der ja ebenfalls von sich behauptete, mehr Weisheit als alle vor ihm in Jerusalem erworben zu haben (Koh 1,16). Wie kommt Jesus, wie kommen seine Nachfolger dazu, den Anspruch des weisen und in Israel hochgeehrten Salomo zu überbieten?

In einem anderen Abschnitt der Evangelien fragt der Rabbi seine Schüler:

> »Mit wem nun soll ich die Menschen dieses Geschlechtes vergleichen? Wem sind sie gleich? Kindern gleichen sie, die auf dem Markte sitzen und einander zurufen: Wir haben euch aufgespielt, und ihr habt nicht getanzt; wir haben Klagelieder gesungen, und ihr habt nicht geweint.
> Denn Johannes der Täufer ist gekommen, der aß kein Brot und trank keinen Wein; da sagt ihr: ›Er hat einen Dämon.‹

Der Menschensohn ist gekommen, ißt und trinkt; da sagt ihr: ›Siehe, ein Schlemmer und Trinker, ein Freund von Zöllnern und Sündern!‹

Und die Weisheit wurde gerechtfertigt von allen ihren Kindern.«

(Lk 7,31–35, vgl. Mt 11,16–19)

Der Text wirft viele Fragen auf. Jesus beschreibt seine Zeitgenossen als eine zerstrittene und schlaffe Gesellschaft. In einem alltäglichen Bild führt er uns – ganz der Erfahrungsweisheit entsprechend – auf einen antiken Marktplatz mit spielenden Kindern. Diese inszenieren eine Art Straßentheater. Sie machen Musik, in der Hoffnung, daß andere Kinder sich mit in ihr Spiel hineinnehmen lassen. Aber keines tanzt mit ihnen. Andere Kinder möchten lieber »Beerdigung« statt »Hochzeit« spielen. Sie stimmen Klagelieder an. Aber keines klagt mit. Es bleibt beim großen Palaver. Die Verlockung des Spiels ist schwächer als die Gleichgültigkeit und Lustlosigkeit der streitenden Kinder.

Plötzlich wechselt der Erzähler aus der Ebene des alltäglichen Bildes in die Ebene der Geschichte Gottes mit den Menschen über. Gott schickte Johannes den Täufer, den Asketen. Aber keiner spielte sein »Spiel« der Umkehr mit. Für das gegenwärtige Geschlecht war er ein armer Irrer, von einem Dämon besessen. Er schickte den Menschensohn, den Freund der Zöllner und Sünder. Für dieses Geschlecht war er ein Fresser und Trinker. Was immer auch Gott getan hat, ob er durch Johannes den Täufer die Klage anstimmen ließ und zur Umkehr rief oder durch Jesus den Verlorenen nachging und sie zum Hochzeitsmahl einlud, er stößt auf lustlose, gleichgültige »Kinder«, die Gottes »Spiel« nicht mitspielen. Die Weisheit des Spiels, mit dem Gott es so ernst meint mit den Menschen, wird von den meisten nicht begriffen. Diese beherrschen lediglich die Torheit der üblen Nachrede: »Er ist von einem Dämon besessen; – er ist ein Fresser und Weinsäufer.« Immer wieder fällt Gottes Weisheit der Lustlosigkeit und Dummheit zum Opfer. Aber es gibt auch »Kinder der Weisheit«, Menschen, die sich in Gottes Geschichte hineinnehmen lassen. Mit Johannes kehren sie um. Vom Menschensohn lassen sie sich an die Tafel der Zöllner und Sünder laden. Bei ihm, bei Jesus, erfahren sie, daß Gottes Weisheit größer ist als die Dummheiten, in die sich Menschen verirren. Kinder der Weisheit sind diejenigen, die sich vom Spiel der lustlos beiseite geschobenen Weisheit Gottes faszinieren lassen, die dieser recht geben. Im Menschensohn, als der uns Jesus hier vorgestellt wird, blitzt die Hoffnung dieser Weisheit Gottes auf. Denn der Titel »Menschensohn« wird häufig als Wechselbegriff für die »personifizierte Weisheit« eingesetzt (*R. Riesner*, Jesus, S. 334).

Die Weisheit Jesu, des Menschensohnes, ist hier nun mit einem merkwürdigen Anspruch verbunden. Einerseits behauptet sie, mehr zu sein als die Weisheit des großen Salomo. Andererseits zeigt sich ihr »Mehr«, ihr »Überschuß«, in der Zuwendung zu den Kleinen und Geringen, den Zöllnern und Sündern. Immer wieder ist es das gesetzesunkundige Volk des Landes, das die Weisheit Jesu hört und annimmt, die, von denen man es zu allerletzt erwartet hätte. Es sind die Armen, Trauernden und Friedfertigen, die nach Gerechtigkeit hungern und dürsten, die Barmherzigen (Mt 5,3 ff.), denen sich die Weisheit Gottes erschließt. Diesen und nicht den »Berufsweisen« offenbart Gott die Weisheit des Rabbi aus Nazaret:

> »Ich preise dich, Vater, Herr des Himmels und der Erde,
> daß du dieses vor Weisen und Klugen verborgen hast,
> Unmündigen aber offenbart hast.
> Ja, Vater, so war es wohlgefällig vor dir.« (Mt 11,25 f.)

Jesu Weisheit ist von einem unübersehbaren Zug nach unten bestimmt. In ihr erwacht eine aufmerksame Liebe zu den Kleinen und Verlorenen.

Alle diese Texte haben wir auf dem Hintergrund der »Reich-Gottes-Predigt« Jesu zu verstehen. Er selbst wurde als der Lehrer der Weisheit des Reiches Gottes erlebt, in dem die Geringen zu Ehren kommen. Als Bergprediger steht er auf der Schwelle dieses Reiches und preist die Kommenden glücklich. Mit seinem »Ich aber sage euch ...« weist er sie in die Gerechtigkeit und Weisheit des Gottesreiches ein. Er hält die Arme offen:

> »Wen dürstet, der komme zu mir, und es trinke, wer an mich glaubt; wie die Schrift sagt: Ströme lebendigen Wassers werden aus seinem Leibe fließen.« (Joh 7,37 f.)

Wie ein Marktweib schrie die Weisheit einst, um auf sich aufmerksam zu machen (Spr 9,5). So ruft auch Jesus seine Gemeinde, um den Durst nach der Weisheit des Reiches Gottes zu stillen. Mit dieser Einladung schließt er sich an Jes 55,1 f. an. Ihr weisheitlicher Charakter wird aber erst erkennbar, wenn wir sie auf dem Hintergrund einer frühjüdischen Schrift verstehen, die eine enge Verbindung zu dem johanneischen Heilandsruf vom lebendigen Wasser erkennen läßt. So berichtet eine der messianischen Visionen des äthiopischen Henochbuches:

»An jenem Ort sah ich den Brunnen der Gerechtigkeit;
er war unerschöpflich,
und rings um ihn gab es viele Brunnen der Weisheit.
Alle Durstigen tranken daraus und wurden mit
Weisheit erfüllt.« (Äthiopischer Henoch 48,1)

Die Ströme des lebendigen Wassers im messianischen Reich sind Brunnen der Gerechtigkeit und Weisheit. Wenn Jesus die Einladung in dieses Reich in der Gestalt ausruft, daß er zu sich einlädt, es mit seiner Person verbindet, dann wird der besondere Anspruch deutlich, dieses »... hier aber ist mehr als Salomo«. Jesus erscheint immer klarer im Mantel des messianischen Weisheitslehrers. In seiner Nähe wurde die Weisheit des Reiches Gottes ein lebendiger Strom. So jedenfalls erfuhren und glaubten ihn seine Nachfolger. Wohl wird nur verhüllt, indirekt auf seine Messianität hingewiesen. Aber die Fingerzeige, die die Texte geben, wollen in dieser Richtung verstanden sein. Wer ihm zuhörte, der staunte und fragte sich:

»Woher hat er das?
Und was ist das für eine Weisheit, die dem gegeben wurde?«
(Mt 6,2)

In der Schar der von ihm Inspirierten und unter seinen Nachfolgern hörten das Staunen und die Weisheit nicht auf. Der messianische Lehrer hat auch uns aus den Völkern mit hineingenommen in die Weisheit Israels. Er selbst hat sich uns als die Weisheit des Gottes vom Sinai und von Golgata erschlossen. Deswegen findet an ihm auch unsere Weisheit ihre Grenze:

»Ihr aber sollt euch nicht Rabbi nennen lassen, denn einer
ist euer Meister, ihr alle aber seid Brüder.« (Mt 23,8)

Mit dieser Grenze läßt sich leben. Denn mit Jesus, dem messianischen Weisheitslehrer aus Israel, haben wir alles, was der Mensch zum Leben braucht. Er ist unser einziger Lehrer, weil durch ihn die Lehrer Israels auch zu unseren Lehrern wurden. Er hat seine Apostel ausgesandt in Israel und unter die Völker und sich seinen Schülerkreis, eine Lerngemeinschaft, berufen. Für den Apostel Paulus blieb diese Lerngemeinschaft von Israel und Kirche das letzte und tiefste Geheimnis der Weisheit Gottes, auch und gerade weil diese bis zum heutigen Tag getrennte Wege gehen:

> »O Tiefe des Reichtums und der Weisheit und der Erkenntnis Gottes! Wie unerforschlich sind seine Entscheidungen und wie unaufspürbar seine Wege.« (Röm 11,33)

Kapitel VIII

Wissenschaft ohne Weisheit?

Nach diesem Gang durch die Weisheit Israels soll eine Frage aus dem Eingangskapitel noch einmal aufgenommen werden: Sind wir noch dazu in der Lage, den Ruf der Weisheit zu vernehmen?

Israels Weise waren ja den Fragen des Alltags ebenso verbunden wie den Geheimnissen des Glaubens:

Wie berechenbar ist menschliches Tun?
Wer gab dem Kosmos Ordnung und Struktur?
Warum leidet der Gerechte in Gottes guter Schöpfung?
Welchen Gewinn und Sinn hat das Leben im Schatten des Todes?
Wer ist der Lehrer der Weisheit für die Völker?

Alles, was es gibt, gibt dem Weisen zu denken. Nichts ist zu unbedeutend. Er verachtet den Alltag nicht. Aber er bleibt auch nicht im Alltäglichen gefangen. Die Weisheit geht dem Alltag auf den Grund. Und gerade dadurch überschreitet sie ihn, stiftet sie Beziehungen zwischen dem Allgemeinen und dem Besonderen, dem Gewissen und dem Ungewissen, dem Erkennbaren und dem Verborgenen, dem Notwendigen und dem Beliebigen.

Da die Wissenschaft unseren Alltag prägt, ist es angebracht, danach zu fragen, ob sie das Erbe der Weisheit angetreten hat und wo sie die Weisheit als bleibende Partnerin an ihrer Seite braucht.

Fremde Schwestern

Weisheit und Wissenschaft wohnten in ihrem Ursprung dicht beieinander (siehe S. 16,35ff). Das wurde im Abschnitt über die orientalische Listenweisheit deutlich. In dem apokryphen Buch der Weisheit Salomos wird uns Salomo als Idealtyp eines antiken Gelehrten vorgestellt:

> »Denn er (Gott) verlieh mir untrügliche Weisheit der Dinge,
> daß ich den Bau des Weltalls verstünde
> und die Wirksamkeit der Elemente.
> Anfang, Ende und Mitte der Zeiten,

den Wechsel der Sonnenwende
und den Wandel der Jahreszeiten,
den Ablauf des Jahres
und die Stellungen der Gestirne,
die Natur der Tiere
und die Triebe der wilden Tiere,
die Gewalt der Geisterwelt
und das Denken der Menschen,
die Unterschiede der Pflanzen
und die Heilkräfte der Wurzeln.« (Weish 7,17–20)

Die Palette der Wissenschaften, die der Weise beherrschte, kann sich sehen lassen: Astronomie, Chronologie, Zoologie, Dämonologie, Psychologie, Botanik und Pharmazie. Von entscheidender Bedeutung ist aber, daß er die Weisheit als Quelle aller Wissenschaften rühmt:

»Was verborgen ist und sichtbar, erkannte ich;
denn die Künstlerin von allem,
die Weisheit, hat es mich gelehrt.« (Weish 7,21)

Die innige Verbindung von Wissenschaft und Weisheit ist uns nicht mehr gegeben. Zwischen beiden hat sich ein Graben aufgetan, der *Friedrich Nietzsche* fragen ließ:

»Was ist Weisheit? im Gegensatz zur Wissenschaft ...
Gibt es jetzt ein Streben nach Weisheit? Nein!
Ist ein Streben nach Weisheit nöthig, ein Bedürfnis?
Nein. Aber vielleicht wird es bald einmal Bedürfnis sein.
Wann? ...« (*F. Nietzsche*, Werke VII, S. 32)

Nietzsche hatte mit dieser Tagebuchnotiz wohl die weisheitlichen Traditionen des Denkens aller Völker und Kulturen im Blick, die in die Philosophie münden, nicht allein die Weisheit der Bibel. Aber in dieser Weisheit der Völker und Kulturen begegnen wir einem Habitus des Denkens, Sprechens und Lebens, der sich von den Denk-, Sprach- und Lebensgewohnheiten unserer modernen Wissenschaftskultur erheblich unterscheidet. Ist uns dieser Habitus abhanden gekommen? Hat die Wissenschaft ihre ältere Schwester, die Weisheit, in der Fremde verloren? Wird es eine Heimkehr geben? Jedenfalls hat uns der Verlust der älteren Schwester ärmer gemacht.

Wer die Defizite unserer Wissenschaftskultur benennt, sollte allerdings auch nicht übersehen, daß wir den Wissenschaften einen erheblichen Gewinn an Lebensqualität verdanken. Wer möchte schon in Bausch und Bogen auf die Errungenschaften der modernen Medizin verzichten, wenn ihn ein Herzinfarkt aus der gewohnten Lebensbahn wirft? Und wie sollten wir die Herausforderungen des Hungers in den unterentwickelten Ländern oder der ökologischen Bedrohung wirklich bestehen, wenn nicht auch durch den Einsatz aller unserer wissenschaftlichen Intelligenz?

Gleichzeitig werden aber durch die moderne Atom-, Weltraum-, Gen- und Computertechnologie in zunehmendem Maße Handlungsräume erkennbar, in denen dringlicher Handlungsbedarf entstanden ist. In diesen Handlungsräumen greift das Wissen der Wissenschaft allein nicht mehr. Wenn es eben nicht nur um die Produktion von Nahrungsmitteln geht, sondern auch um ihre gerechte Verteilung, um die Erhaltung unserer natürlichen Umwelt, um den Schutz werdenden menschlichen Lebens, ein erfülltes Alter und einen würdevollen Tod, überall dort gibt die Wissenschaft allein weder ausreichende Antworten noch hinreichende Lebenshilfen. Wir stehen an der Schwelle zu einem neuen Denken und Handeln. Dieses Schwellenbewußtsein verstärkt das Empfinden, daß die Wissenschaft dringend einer Ergänzung durch die Weisheit bedarf.

Allein aus diesem Grunde – und nicht, weil es heute opportun erscheinen könnte, der Wissenschaft die Rechnung für ihre gefährlichen Folgen zu präsentieren – sollen einige ihrer Defizite benannt werden. Nachdenkliche Wissenschaftler wissen selbst, mit welchen Problemen ihr Tun verbunden ist. Denn die Frage ist noch nicht entschieden: »Wird das sich in unvorstellbarem Maße, mit atemberaubender Schnelligkeit anhäufende Wissen um die Struktur und Kräfte unserer Welt zum Glück oder zum Unglück, zur Befreiung oder zur Versklavung der Menschen beitragen« (*W. Bernhard*, Wissenschaft, S. 26)?

Fortschrittsglaube und Gegenwartsnähe

Alle wissenschaftliche Arbeit ist von einem Fortschritts- und Wachstumspostulat bestimmt. Sie hat einen »Zeitpfeil« in sich, der in die Zukunft weist. Der täglich produzierte Zuwachs an Erkenntnis wird immer weniger überschaubar und kontrollierbar. Deswegen steht die Wissenschaft in der latenten Gefahr, um einer besseren Zukunft und der Maximierung ihrer Erkenntnisse willen die Folgen ihres Tuns für die Gegenwart zu vernachlässigen. »Jegliches neue Geheimnis, jegliche Macht, die wir der Natur abringen, kann gegen den Menschen gebraucht werden, *ohne daß wir es gewollt haben*. Wer wird bei zukünftigen Fortschritten der Forschung entscheiden, ob bei ihren Anwendungen das Positive das Negative überwiegt« (*W. Bernhard*, Wissenschaft, S. 30)? Ein Verlust an Gegenwartsnähe droht dort, wo einer vermeintlich besseren Zukunft der Primat über die Gegenwart eingeräumt wird.

Israels Weise könnten für uns zu Lehrern der Gegenwartsnähe werden. Zu ihrer Methode gehörte es, die Folgen ihres Tuns zu bedenken. Sie haben die Gegenwart nicht der Zukunft geopfert. Damit sensibilisierten sie ihre Schüler für das vielschichtige Phänomen der Zeit.

Im Verzicht auf die zündende Vision oder das revolutionäre Programm öffneten sich die Weisen Israels der Einsicht in den Kairos, die angemessene Tat zur rechten Zeit (Koh 3,1–9). Mit ihrer Aufmerksamkeit für den Augenblick haben sie sich nicht von dem Denkbaren und Möglichen gefangennehmen lassen. Vielmehr wiesen sie in das Machbare, Wirkliche und Notwendige ein:

> »Am Morgen säe deine Saat
> und bis zum Abend laß deine Hand nicht ruhen,
> denn du weißt nicht, ob dies oder jenes gelingt
> oder beides gleich gut gerät.« (Koh 11,6)

Damit soll nicht gesagt sein, daß wir nicht von Zeit zu Zeit auch gezielte Visionen und brauchbare Programme nötig hätten, an denen wir unser Tun ausrichten können. Häufig ist aber mit den Visionen und Programmen auch eine Gefahr verbunden: die Geringschätzung und Vernachlässigung des Gegenwärtigen.

Andererseits haben die Weisen mit ihrem Tat-Folge-Denken die Zukunft auch nicht ausgeklammert, da eben alles menschliche Tun mit seinen Folgen die Zukunft mitbestimmt. Es ist ja zu bedenken, daß eine Tat nicht nur den Täter selbst, sondern auch noch zukünftige Generationen in ihren Lebensmöglichkeiten entweder bereichern oder schmälern kann:

> »Ein Gerechter, der unsträflich wandelt,
> dessen Kindern wird's wohlgehen.« (Spr 20,7)

»Das ist der Anteil des Menschen, des Frevlers bei Gott,

und das Erbteil der Gewalttäter, das sie vom Höchsten
empfangen:
Wenn seine Söhne zahlreich werden, dann fürs Schwert
und seine Nachkommen werden nicht satt am Brot.«

(Hiob 26,13f.)

Diese Einsichten der Weisen sollten nicht verlorengehen. Sind es denn nicht unsere Zukunftsprogramme, an denen schon jetzt Wälder und Wiesen, Tiere und Menschen sterben? Und ist es denn nicht unser gegenwärtiges Tun, das die Lebensmöglichkeiten unserer Kinder und Enkel beeinträchtigt, ihre Äcker und Meere vergiftet?

Erkenntnismaximierung und Lebensnähe

Nicht allein auf der Ebene der Zeit, auch wo sich Raum und Zeit verschränken, wo es um Quantitäten geht, hat die Wissenschaft die Tendenz zur Maximierung. Sie forscht nach der fernsten Zukunft (Futurologie) und der dunkelsten Vergangenheit (Paläontologie). Die Grenzen des erforschbaren Zeitraumes schiebt sie immer weiter hinaus. Sie greift aus in die äußerste Weite des Alls und dringt ein in die kleinsten Bausteine der Erde. Das Elektronenmikroskop und die Satellitenkamera sind ihre Symbole. Dadurch steht sie in der latenten Gefahr, den Blick für das Nahe, den menschlichen Lebensraum, zu verlieren, für das, was der Mensch mit dem ersten Blick überschaut und doch so oft übersieht: seine Wohnwelt, seine natürliche Umwelt, seine menschliche Mitwelt, die Heimat des Alltags. Der sprichwörtlich gewordene »zerstreute Professor«, der die kompliziertesten mathematischen Herleitungen elegant beherrscht oder Raketen in das All schickt, aber nicht dazu in der Lage ist, seinen Mantel richtig zu knöpfen, er ist das verharmlosende und liebenswürdige Symbol eines Verlustes an Lebensnähe, der erheblich bedrohlichere Formen annehmen kann. »Endloses *äußeres* Wachstum ins Überdimensionierte, Megalomanie, ist gegen die Natur der Dinge. *Inneres* Wachstum aber steht jedem offen und kennt keine Grenzen« (*W. Bernhard*, Wissenschaft, S. 36).

Israels Weisheitslehrer werden nicht müde darin, darauf zu verweisen, daß der Mensch in die Verhältnislosigkeit stürzt, wenn er über seine Verhältnisse lebt. Sie warnen vor Großmannssucht und Wachstumsfetischismus (vgl. Koh 2,1–11). Im Weisheitslied Hiob 28 sind wir ja diesem Menschen begegnet, der auf der Suche nach der Weisheit seine äußersten Möglichkeiten ausschöpft und in verborgene Welten eindringt. Das Ende dieses Liedes hat die Erfahrung festgehalten, daß solches Tun und Forschen nach der Weisheit immer auch den Beigeschmack der Vergeblichkeit hat:

> »Es kennt nur Gott den Weg zu ihr (der Weisheit),
> er weiß allein um ihren Fundort.« (Hiob 28,23)

Wen wundert es da, wenn Kohelet zu der Feststellung gelangt:

> »Denn in der Fülle der Weisheit ist Fülle des Kummers,
> und wer die Erkenntnis mehrt, mehrt den Schmerz.«
> (Koh 1,18)

Sicherlich, wir leben mit dem stolzen Schöpfungsauftrag:

> ». . . machet sie (die Erde) euch untertan und herrscht über die Fische im Meer und über die Vögel unter dem Himmel und über das Vieh und über alles Getier, das auf Erden kriecht.«
> (1.Mose 1,28)

Dieser Herrschaftsauftrag ist aber alles andere als ein Freibrief für imperiales Gehabe. Der dem Menschen gegebene königliche Auftrag legt ihm auch eine Verantwortung für die ihm anvertraute Erde und seine Mitgeschöpfe auf. Die »Unterwerfung der Erde« darf nicht isoliert werden von der Verpflichtung, »sie zu bebauen und zu bewahren« (1.Mose 2,15).

So machen Menschen immer wieder die Erfahrung, daß das Streben nach Quantitäten allein nicht unbedingt zu einer gesteigerten Lebensqualität führt, auch in Finanzfragen nicht:

> »Wer Geld liebt, wird vom Geld niemals satt,
> und wer Reichtum liebt, nicht des Ertrages.« (Koh 5,9)

Diesem fieberhaften Streben nach Mehrwerten, Zuwachsraten und Erkenntnismaximierung begegnet der Weise mit der Lehre vom rechten Maß und einer Ethik des Verzichtes im Interesse des Lebens:

> »Besser wenig mit der Furcht JHWHs
> als ein großer Schatz und Verwirrung dabei.
> Besser ein Gericht Kraut mit Liebe
> als ein gemästeter Ochse mit Haß.« (Spr 15,16f.)

»Besser wenig mit Gerechtigkeit
als viel Einkommen mit Unrecht.« (Spr 16,8)

Die Fülle an Gütern und Erkenntnissen ist dem Leben nicht in jedem Falle dienlich. Da wo uns die Fähigkeit des Einhaltens, des Verzichtes, verlorengeht, ist das Leben in Gefahr.

Der Mensch hat sich vor aller anderen Kreatur selbst dadurch ausgezeichnet, daß er sich den Ehrentitel *homo sapiens* (weiser Mensch) zuerkannte. Der Philosoph *Hans Jonas* hat uns darauf aufmerksam gemacht, daß im Zeitalter der Technologie der *homo faber* (herstellender Mensch) den *homo sapiens* überrundet hat (*H. Jonas*, Prinzip, S. 31 f.). Die Welt des Produzierens von Gütern und Erkenntnissen ist zum beherrschenden Alltag geworden. Und häufig merken wir gar nicht dabei, wie sehr wir damit nicht nur unsere Um- und Mitwelt verändern, sondern auch uns selbst, die »innere Ökologie« des Menschen. Wer sich vorrangig nach außen, in seinen Produkten, ihrer ständigen Steigerung und Verbesserung, verwirklicht, der steht in der Gefahr, viel von seiner inneren Wirklichkeit zu verlieren. Selbstbescheidung sollte die Regentin über alle Selbstverwirklichungsutopien sein; und das nicht nur im persönlichen, individuellen Lebensvollzug, sondern angesichts der Bedrohung des Menschen durch seine eigenen Taten auch als kollektive Menschheitsaufgabe (vgl. *H. Jonas*, Prinzip, S. 338 f.).

Wissenschaftspraxis und Beziehungsstärke

Die Praxis und Pragmatik wissenschaftlicher Arbeit ist auch heute noch von einer Subjekt-Objekt-Spaltung bestimmt. Ihren gültigen philosophischen Ausdruck fand diese bei *René Descartes* (1596 bis 1650). Er unterschied zwischen dem denkenden, untersuchenden Subjekt *(res cogitans)*, dem Forscher, und dem zu untersuchenden Objekt *(res extensa)*, dem Forschungsgegenstand. Es ist inzwischen überzeugend dargelegt worden, auf welche Weise diese Subjekt-Objekt-Spaltung zu einer »Machtförmigkeit der Wissenschaft« geführt hat (*C. F. v. Weizsäcker*, Garten, S. 108). Das denkende Subjekt »Mensch« hat sich das zu untersuchende Objekt »Natur« durch Teilung, Isolierung und Feststellung unterworfen. Die wissenschaftliche Arbeit steht damit in der bleibenden Gefahr, die Natur zu vergewaltigen, sie auszubeuten und lediglich nach ihrem Verbrauchseffekt für die *res cogitans*, den denkenden und konsumierenden Menschen, zu befragen. Abgeblendet wird dabei immer wieder das Beziehungsnetz, in das das Untersuchungsobjekt verwoben ist, abgeblendet werden emotionale und ästhetische Aspekte, die das Mensch-Natur-Verhältnis immer mitbestimmen. Abgeblendet wird die ernsthafte Frage, ob die Natur eine Würde in sich selbst besitzt, die weit über ihren Nutzeffekt für den Menschen hinausreicht.

Ein Verlust an Beziehung droht, wenn bei diesem Abblendverfahren wissenschaftlicher Methodik ethische und poetische Dimensionen des Mensch-Natur-Verhältnisses gar nicht mehr im Blick sind. Erlaubt sich der Wissenschaftler, der für sein Experiment Hunderte von Mäusen mit dem todbringenden Serum impft, noch das Gefühl der Sympathie, des Mitleidens mit der von ihm zu Tode verurteilten Kreatur? Darf er sich das überhaupt erlauben?

Die Weisheit Israels hat bereits in der Wahl ihrer sprachlichen Mittel zu erkennen gegeben, daß ihr daran lag, Beziehungen zu stiften. Mit Hilfe des *Parallelismus membrorum* hat sie versucht, die von ihr betrachteten Phänomene ganzheitlich zu beschreiben (siehe S. 51ff.). Scheinbar nicht Zusammengehöriges wurde einander zugeordnet und auf Gemeinsamkeiten hin befragt:

> »Denn das Stoßen von Milch treibt Butter hervor,
> und das Stoßen der Nase treibt Blut hervor,
> und das Stoßen des Zorns treibt Streit hervor.« (Spr 30,33)

Was haben die Milch, die Nase und der Zorn miteinander gemeinsam? Offensichtlich nichts. Setzt man sie aber unter dem Aspekt einer gleichen Behandlung zueinander in Beziehung, dann eröffnet sich ein verblüffender Sinn. Ob in der Hauswirtschaft, im Faustkampf (?) oder im Streit, in der Ökonomie, Physiologie oder Psychologie, überall hat vergleichbares Tun seinen eigenen verborgenen Sinn.

Das Netz der Beziehungen, das weisheitliches Denken zwischen dem scheinbar Beziehungslosen knüpft, ist mehr als nur eine Gedankenspielerei. Im Stiften von Beziehungen wird Sinn eröffnet. Die Weisheit weitet die Lebenssinne des Menschen aus, überschreitet menschliches Tun, Gebrauchen, Verbrauchen und Untersuchen hin zur Kunst der Wahrnehmung. Wahrnehmung, das ist im eigentlichen Sinne des Wortes mehr als nur objektive Betrachtung. Das Wörtchen »wahr« hatte im alt- und mittelhochdeutschen Sprachgebrauch ursprünglich die Bedeutung, einer Person oder Sache »in Treue verbunden sein«. Wer etwas wahrnimmt, ist diesem in Treue zugetan, geht eine Beziehung ein, die auf »Bewährung« aus ist. Unsere von Wissenschaft und Technik geprägte Generation tut gut daran, ihren von objektiv-distanzierter Betrachtung und aktiver Veränderung dominierten Umgang mit aller außermenschlichen Kreatur durch die Kunst der Wahrnehmung zu bereichern.

Welche Beziehung hatte wohl der Dichter der Gottesreden des Hiobbuches zur Tierwelt? Diese war für ihn mehr als nur ein Erkenntnisobjekt. Vielmehr hat er in der staunenden Wahrnehmung ihrer Exotik auch sich selbst erkannt:

> »Wer hat das Zebra frei laufen lassen,
> und die Fesseln des Wildesels, wer hat sie gelöst,
> dem ich die Wüste als Aufenthaltsort anwies
> und das Salzland als Wohnstätte?
> Er lacht über das Gewühl (in) der Stadt,
> den lauten Ruf des Treibers hört er nicht.
> Er durchspäht die Berge, sein Weideland,
> und jedem Grün spürt er nach.« (Hiob 39,5–8)

Ob in dieser Beschreibung oder in jenen vom Wildstier und Roß, vom Adler und Falken, der Straußenhenne, dem Nilpferd und Krokodil (Hiob 39,9–30; 40,15–41,26), immer wird da auch die Freiheit der Kreatur als einem Gegenüber zum Menschen und seinem Tun eingeklagt. Das, was Gott, der Herr der Tiere, ins Dasein rief, ist eben nicht nur Objekt der Unterwerfung. An ihm findet der Mensch auch seine Grenze; und dabei geht es keineswegs allein um die Grenzen seiner Kraft und Macht, sondern auch um die seiner Lebensart. Der freie Wildesel lacht über das Gedränge der Städter. In der Wahrnehmung des ungebundenen Lebens der Kreatur können dem Menschen seine eigenen zivilisatorischen Ketten bewußt werden. Die Werte, mit denen sich Menschen einen Namen machen, städtische Kultur und Zivilisation (vgl. 1.Mose 11,1–9), werden relativiert angesichts der Freiheit der Kreatur. Auf diese Weise wird in der Kunst der Wahrnehmung eine Beziehung gestiftet zwischen der Welt des Menschen und der Welt der Tiere, eine Beziehung, die uns die Sinne schärft für die Freiheit der Kreatur und uns gleichzeitig die Frage nach der Sinnhaftigkeit unseres eigenen Tuns stellt.

Daß die biblische Weisheit uns anleiten möchte zu solchem Beziehungswissen, das wird exemplarisch dort erkennbar, wo sie uns als Gastgeberin entgegentritt (siehe S. 14ff.). Sie wendete sich ja von sich aus an ihre »Liebhaber« und lud sie in ihr Haus (Spr 9). Schon diese Metapher läßt erkennen, daß sich die Weisheit im Eingehen einer Beziehung erschließt. Man muß Platz nehmen an ihrem Tisch. Die Weisheit, die das Leben will, stellt den Menschen in geglückte Beziehungen. Und welches Bild wäre da geeigneter als die festliche Tafelrunde, an der man miteinander ißt, redet, denkt und Gemeinschaft hat?

Wissenschaftsethik und Handlungskompetenz

Die Unterscheidung in Grundlagenwissenschaften und angewandte oder technische Wissenschaften läßt deutlich werden, daß der auf ständigen Erkenntniszuwachs ausgerichtete Erkenntniswille einen ›Spiel-Raum‹ braucht, in dem er zunächst zweckfrei forschen darf, ohne dabei sofort die Frage nach den möglichen Folgen dieses Forschens zu stellen. Daß diese Grundlagenforschung zu den wichtigsten Innovationen für die angewandten und technischen, auf einen Nutzeffekt zielenden Wissenschaften gehört, kann kaum bestritten werden. Und doch hat sich spätestens mit dem Abwurf der Atombomben über Hiroshima und Nagasaki die Gewißheit eingestellt, daß sich auch die Grundlagenforschung nicht mehr die Frage nach ihren möglichen Folgen versagen darf. *Carl Friedrich von Weizsäcker* sieht darin nicht allein eine ethische Verpflichtung der Wissenschaftler, sondern auch eine religiöse Herausforderung: »Und die Religion darf, so scheint mir, den durch die Wissenschaft erzeugten Schein der Neutralität nicht dulden. Sie muß den Wissenschaftler fragen: Weißt du denn, was du tust?« (*C. F. v. Weizsäcker*, Deutlichkeit, S. 164).

Die Betonung der Wertneutralität in der Wissenschaft und die unkalkulierbare Erkenntniskumulation können einen gefährlichen Verlust an ethischer Handlungskompetenz hervorrufen:

Einerseits ist der Mensch dazu in der Lage, in die ungeahnten Fernen des Alls vorzustoßen. Andererseits manövriert er sich immer mehr in die Gefahr hinein, die Probleme der Erde (Bevölkerungsexplosion, Welthungerkatastrophe, Umweltzerstörung) aus der Hand zu verlieren.

Einerseits hat er noch nie so viel über die Anfänge menschlichen Lebens gewußt. Andererseits war er noch nie so hilflos in der Frage, wie er sich diesen Anfängen gegenüber verhalten soll (Geburtenkontrolle, Eugenik, Genmanipulation).

Einerseits hat er noch nie so viele Möglichkeiten gehabt, menschliches Leben durch eine moderne Medizin zu erhalten und zu verlängern. Andererseits war er angesichts einer immer größer werdenden Zahl alter und pflegebedürftiger Menschen noch nie in diesem Umfang mit der Sinnfrage von Alter, Leben und Tod konfrontiert.

Die Beispiele könnten beliebig vermehrt werden. Sie lassen die Notwendigkeit einer neuen Wissenschaftsethik erkennen, die unser Handeln begleitet und anleitet. Die Weisen Israels waren weder reine Pragmatiker, noch lebensfremde Intellektualisten. Die Lebensweisheit, die sie weitergaben, war orientiert an einer Bewältigung des Alltäglichen, einer Einübung in angemessenes Handeln. Und doch vermittelten sie mehr als eine oberflächliche Pragmatik. Sie warnten vor der voreiligen unbedachten Tat. So »eilen die Verführer, Blut zu vergießen« (Spr 1,16) und die von der fremden Frau Verführten fangen sich »wie ein Vogel, der zur Schlinge eilt« (Spr 7,23). Hast und Eile sind offensichtlich Lebenshaltungen, die der Weise vermeidet:

> »Ein bewährter Mann hat die Fülle der Segnungen,
> aber einer, der eilt reich zu werden, bleibt nicht unschuldig.«
> (Spr 28,20)

Er sollte sich sein Tun vorher genau überlegen:

> »Ein Fallstrick ists für den Menschen,
> (wenn) er unbedacht ›heilig‹ ruft,
> und erst nach den Gelübden überlegt.« (Spr 20,25)

Aus diesem Grunde empfiehlt die Weisheit allen, die Verantwortung tragen, sich gründlich raten zu lassen (Spr 1,5; 13,10; Koh 4,13):

> »Ohne Überlegungen fällt ein Volk,
> Hilfe ist aber, wo viele Ratgeber sind.« (Spr 11,14)

Alles Tun will also gründlich bedacht und gut beraten sein.

Deswegen verwundert es auch nicht, wenn die talmudischen Weisen darüber debattiert haben, was denn eigentlich größer sei, die Tat oder das Studium (der Tora):

> »Einst waren Rabbi Tarphon und die Ältesten im Obergemach des Hauses Nitsa in Lud versammelt, da wurde unter ihnen diese Frage gestellt: Ist Studium größer, oder ist Tun größer? Rabbi Tarphon antwortete und sagte: Tun ist größer; Rabbi

Akiba antwortete und sagte: Studium ist größer. Da antworteten alle und sagten: Studium ist größer, denn das Studium führt zum Tun.« (Qiddushin 40b)

In dieser rabbinischen Disputation steckt mehr als ein Abwägen des Mehrwertes von Theorie und Praxis. Vielmehr ist hier bereits eine gegenseitige Abhängigkeit von Theorie und Praxis erkannt. Das reine Studium, die reine Wissenschaft ist eine Fiktion. In jedem Falle zieht sie eine bestimmte Praxis nach sich. Sie stimuliert Lebenshaltungen und Verhaltensweisen. Aber auch die menschliche Tat ist mehr als nur ein instinktgeleitetes Verhalten. Gerade ihre Rückbindung an das Studium der Tora, an die Fähigkeit zu religiöser und sittlicher Erkenntnis, unterscheidet sie vom tierischen Verhalten.

Die Weisheit ist bei ihrer ausdrücklichen Hochschätzung von Lehre, Studium und Überlegung alles andere als ein Feind der Erkenntnis und Wissenschaft. Sie weiß vielmehr um den Wert derselben für menschliches Tun und Verhalten. Sie ist sich aber gleichzeitig darüber im klaren, daß sich Handlungskompetenz nicht allein aus vorhergehender wissenschaftlicher Erkenntnis und sorgfältiger Planung ableiten läßt. Der Kompetenz des erkennenden und forschenden Menschen muß die Kompetenz des Täters an die Seite treten. Auch im Tun des für das Leben Gebotenen wird Kompetenz erworben. Aus diesem Grunde legten die Rabbinen so viel Wert darauf, daß der Weise neben allem Studium einem schlichten Handwerk nachgehen sollte:

»Rabban Gamaliel, Sohn Rabbi Jehudas, des Fürsten, sagt: Schön ist das Studieren der Weisung und dabei einem Beruf nachgehen, denn die Bemühung um diese beiden läßt Verschuldung vergessen. Aber alles Weisunglernen ohne Handarbeit wird schließlich zunichte und zieht Verschuldung nach sich.« (Abot II,2)

Selbst diese notwendige Verzahnung von Tun und Erkennen, Wissenschaft und Lebenspraxis, Grundlagenwissenschaften und technischen oder angewandten Wissenschaften stattet den Menschen noch nicht mit der notwendigen Handlungskompetenz aus, die das Leben bewahrt. Diese wird letztlich nur dort erworben, wo Einsichten und Erkenntnisse in einen Wertekanon eingebunden bleiben, dem sich der Wissenschaftler ebenso verpflichtet weiß wie alle anderen Glieder der Gesellschaft. Die Weisen Israels haben ihr Wissen stets an solch einen Wertekanon gebunden. Das gilt in gesteigertem Maße dort, wo es zu einer Identifizierung von Weisheit und Tora kam (siehe S. 129ff.). Als obersten Wert, auf den sie sich und ihre Schüler verpflichteten, setzten sie die JHWH-Furcht:

»Die Furcht JHWHs ist der Anfang der Erkenntnis,
Weisheit und Zucht verachten die Toren.«
(Spr 1,7; vgl. 8,13; 9,10; Hi 28,28 u. ö.)

Was hier unter JHWH-Furcht zu verstehen ist, ist nicht die nackte Angst vor einem Gott, der jedem Tun seine ihm entsprechende Vergeltung zukommen läßt. Es ist vielmehr die respektvolle Lebenshaltung, die darum weiß, daß der Mensch sein Tun und Lassen nicht nur vor sich selbst und seinen Mitgeschöpfen, sondern auch vor dem Schöpfer zu verantworten hat.

Hans Jonas hat den Versuch gemacht, für die heute notwendige Wissenschaftsethik einen neuen kategorischen Imperativ zu formulieren: »Handle so, daß die Wirkungen deiner Handlungen verträglich sind mit der Permanenz echten menschlichen Lebens auf Erden« (*H. Jonas*, Prinzip, S. 36). Die für die Zukunft voll und ganz zu bewahrende Möglichkeit der »Existenz der Menschheit« ist für *Jonas* das »erste Gebot« für den heutigen Menschen (S. 186f.). Darin ist sich dieser Weise unseres Jahrhunderts mit den Weisen Israels durchaus einig, denen es ebenfalls um die Bewahrung des Lebens ging (Spr 3,2.18; 4,13; 8,35f.; 10,17; 11,19 u. ö.). Die Weisheitslehrer der Bibel waren sich aber zusätzlich darin im klaren, daß dieses Grundgebot menschlicher Verantwortung stets an das »erste Gebot Israels« gebunden bleibt, das eine exklusive Bindung des Volkes an seinen Gott und eine Absage an alle fremden Götter zum Inhalt hatte. Dieses Gebot der Bindung an den einen Gott gründet in der Erfahrung der Befreiung aus den Arbeitslagern Ägyptens:

»Ich bin JHWH, dein Gott,
der dich aus Ägyptenland, aus dem Sklavenhaus geführt hat.
Du sollst keine anderen Götter haben mir ins Angesicht.«
(2.Mose 20,2f.)

Weil der Gott Israels für die Weisen der Schöpfer eines jeden Menschen und der Befreier seines Volkes zu echtem menschlichen Leben wurde, deswegen wissen sich die Weisen Isreals eben nicht allein der Permanenz menschlichen Lebens selbst, sondern dem Geber dieses Lebens verpflichtet. Die »Ehrfurcht vor dem Leben« (*Albert*

Schweitzer) wird zum Ausdruck der JHWH-Furcht und die JHWH-Furcht kann gar nicht anders als in die Ehrfurcht vor dem Leben einzumünden. Eine der modernen Wissenschaftsethik verpflichtete Handlungskompetenz wird nur dort erworben, wo die Probleme unseres täglichen Tuns uns nicht blind machen für die Fragen einer letzten Verantwortung des Menschen vor sich selbst, vor der menschlichen Gemeinschaft und vor Gott.

Wissenschaftssprache und Verständigungsfähigkeit

Zur immer präziseren und differenzierteren Wahrnehmung und Darstellung von Wirklichkeit bedienen sich die Wissenschaftler auch einer immer differenzierteren Sprache, die schließlich nur noch von eingeweihten Experten beherrscht und verstanden wird. Als Verfasser eines solchen Büchleins weiß man selbst, welche Anstrengung es kostet, dieser Gefahr entgegenzusteuern. Das hat zur Folge, daß eine Verständigung zwischen den Wissenschaftlern einerseits und den Nichtwissenschaftlern andererseits immer weniger gelingen will. In der Regel muß aber die Mehrheit der Nichtwissenschaftler die Konsequenzen der Wissenschaften tragen, mitfinanzieren und politisch verantworten. Die Übertragung der Wissenschaftssprache in eine sogenannte Allgemeinverständlichkeit ist meistens mit einem Verlust an Präzision und Information verbunden. Das Auseinanderdriften der Wissenschaftssprachen führt mitunter zu einem gefährlichen Verlust an innergesellschaftlicher Verständigungsmöglichkeit. Und das gerade in solchen Fragen, die dringend einer vernünftigen Lösung durch alle beteiligten Gruppen der Gesellschaft zugeführt werden müssen. Wie zum Beispiel will der Nichtwissenschaftler kompetent über Nutzen und Gefahren der modernen Gentechnologie mitentscheiden, wenn die Wissenschaftler selbst keinen Konsens in ihrer Beurteilung finden?

Wenn es nicht allein um die Sprache als Instrument des Verstehens, sondern auch der Verständigung geht, dann tut der Wissenschaftler gut daran, in die Schule der Weisen zu gehen (Siehe S. 33ff.). Ihre Sprachkompetenz erwies sich in der Beherrschung vielfältiger Formen, vom Volkssprichwort bis zum durchgeführten Lehrdialog. Sie waren auf ihre Weise ebenfalls auf sprachliche Präzision bedacht, was an ihrer Vorliebe für den knappen, sorgfältig geformten Spruch erkennbar wird. Vor allem aber haben sich die Weisen nicht mit einer objektivierenden Darstellungssprache zufrieden gegeben, die die von ihnen erkannte Wirklichkeit versuchte, so genau wie möglich abzubilden. Vielmehr verknüpften sie immer wieder die präzise Darstellung des von ihnen Beobachteten und Erfahrenen mit einer Beziehungssprache, die ihre eigene Beteiligung an diesem Prozeß der Wahrnehmung zum Ausdruck brachte:

»Eine sanfte Antwort wendet die Wut ab,
aber ein hartes Wort läßt Zorn aufkommen.« (Spr 15,1)

Dieser Spruch weiß ja nicht nur – wie andere auch (Spr 10,21;12, 18;16,24 u. ö.) – um die psychologischen Mechanismen der Sprache. Er macht darauf aufmerksam, wie durch Sprache Beziehungen überhaupt konstituiert und mitbestimmt werden. Das aber wird nicht nur festgestellt. Der Spruchdichter macht darüber hinaus seine eigene Beziehung zu diesem Wissen erkennbar. Ohne es ausdrücklich sagen zu müssen, empfiehlt er eine sanfte Antwort, die die Wut vergessen läßt. In der Feststellung ist immer schon eine Empfehlung enthalten.

Doch wissen die Weisen selbst um die Grenzen dieser Beziehungssprache. Sie geben sich nicht dem Wahn hin, daß sich damit die gesamte innere und äußere Wirklichkeit sprachlich bewältigen ließe:

»Alle Worte sind ermüdend,
kein Mensch vermag (sie) auszusprechen.« (Koh 1,8 a)

Das Ganze der Sprache ist wie die ganze Wirklichkeit immer größer als der Mensch und seine Fähigkeiten. Deswegen tut er gut daran, auch die Grenzen seiner Wissenschaftssprachen klar zu erkennen und zu benennen. Auch sie erfassen immer nur Teile und einzelne Aspekte der Wirklichkeit. Aus diesem Grunde braucht die Wissenschaftssprache als Ergänzung und Dolmetscherin immer auch die Beziehungssprache der Weisheit. Sie ist in ihrer Klarheit und Poesie, ihrer Kürze und Bildhaftigkeit dazu in der Lage, im Haus der Erkenntnis die Türen der Wissenschaft zu öffnen zu den Nebengemächern des Lebens, in denen es noch viel zu entdecken gibt.

Die in diesem Teil aufgelisteten Defizite der Wissenschaft könnten den Eindruck hinterlassen, als hätte ich bei ihnen allein die Naturwissenschaften im Blick gehabt. Redlicherweise muß gesagt werden, daß auch die Geistes- und Gesellschaftswissenschaften an diesen Gefährdungen teilhaben. Eine gewissenlose, sich selbst gegenüber unkritische Philosophie oder gesellschaftliche Theorie kann ebenfalls verheerende defizitäre Lebenshaltungen produzieren. Immerhin werden durch sie ja das Denken und Wollen der Menschen langfristig beeinflußt. Die menschenverachtende nationalsozialistische Ideologie, das verbrecherische Apartheid-System in Südafrika oder die zynischen stalinistischen Diktaturen sprechen eine deutliche Sprache. Sie alle haben versucht, ihre Praxis mit sogenannten wissenschaftlichen Theorien und Weltanschauungen zu rechtfertigen.

Auch die Theologie war und ist von solchen Anfälligkeiten nicht frei. Ihr in Jahrhunderten gepflegter und durch die theologische Wissenschaft mitzuverantwortender Antijudaismus hat schließlich auch einen wesentlichen Beitrag zu dem geleistet, was vor über fünfzig Jahren durch unser Volk dem jüdischen Volk angetan worden ist.

- Verlust an Gegenwartsnähe
- Verlust an Lebensnähe
- Verlust an Beziehungsstärke
- Verlust an ethischer Handlungskompetenz
- Verlust an Verständigungsfähigkeit

Das Empfinden, daß in unserer Wissenschaftskultur an diesen Stellen Defizite aufgebrochen sind, läßt den Ruf nach einer erneuerten Weisheit immer stärker werden. Wir werden aus dieser Kultur nicht einfach auswandern können. Aber wir müssen lernen, mit ihr so zu leben, daß die erfahrene materielle Bereicherung nicht um den Preis einer geistigen und menschlichen Verarmung erkauft wird. Daß das Geheimnis der Welt und unseres Lebens größer ist als die Geheimnisse der Wissenschaft, das gilt es von der Weisheit neu zu lernen. Einer, der darum wußte, war Rabbi *Abraham Jaakob von Sadagora* (19. Jh.):

Von den modernen Erfindungen

»Von allem vermag man zu lernen«, sagte einmal der Rabbi von Sadagora zu seinen Chassidim (Frommen), »alles vermag uns zu lehren. Nicht bloß alles, was Gott geschaffen hat, auch alles, was der Mensch gemacht hat, vermag uns zu lehren.«

»Was können wir«, fragte ein Chassid zweifelnd, »von der Eisenbahn lernen?« »Daß man um eines Augenblicks willen alles versäumen kann.« »Und vom Telegraphen?« »Daß jedes Wort gezählt und angerechnet wird.« »Und vom Telephon?« »Daß man dort hört, was wir hier reden.« (*M. Buber*, Werke III, S. 463)

KAPITEL IX

Kohelet und Jesus – Zwei Predigten

Viele Prediger machen vom Schatz der Weisheit in der Bibel kaum Gebrauch. Sie sei nicht »zentral« genug, lasse »das Eigentliche« des biblischen Glaubens vermissen und ergehe sich oft doch nur in den »Binsenweisheiten« von Küche, Haus und Gasse. Am Ende dieses Büchleins sollen zwei Predigten stehen, die der Weisheit der Bibel auch auf der Kanzel nicht das Wort verweigern. Die erste wurde anläßlich eines Abschlußgottesdienstes der Abiturstufe des Kirchlichen Proseminars Naumburg gehalten (1986), die zweite in einem Gottesdienst der Evangelischen Studentengemeinde Halle (1981). Sie sind ein Versuch, der weitergeführt werden will von möglichst vielen, die zu predigen haben. Vielleicht erfahren sie in ihrem Hören auf die Weisheit die in unseren Gottesdiensten zuweilen abhanden gekommene „Lust am Text" (*Roland Barthes*) und Freude am Leben.

Wovon lebt der Mensch?

Liebe Abiturienten, Eltern und Lehrer!

Mark Rasumny, der deutsch-jüdische Erzähler aus Riga, gehört mit seinen kurzen Episoden der Alltäglichkeit zu den großen Weisen unseres Jahrhunderts. Hochbetagt lebt er mit einer alten hebräischen Schreibmaschine, vielen Büchern und Untermietern auf einer Etage im alten Riga. Er geht durch die Straßen und über die Plätze der Stadt, spricht mit den Marktfrauen, lachenden und weinenden Kindern, Schach spielenden Männern. Viel Wichtiges über das Leben erfährt er von ihnen, den bewachsenen Mauern und Dächern, den Bäumen und Steinen der Straße, dem Gemurmel des Wassers in den Brunnen. Alle sind sie seine Lehrer. Nichts, was er sieht, ist zu unbedeutend, ohne Botschaft. Jeder noch so simple Vordergrund des Lebens verbirgt einen tiefen Hintergrund. Rasumny schaut mit seinen Augen und Gedanken tief hinein in jeden Tag. Erzählend erinnert er sich an die Hände des Vaters:

»Als Kind war ich in die schwieligen Hände meines Vaters geradezu verliebt. Wohl auch deshalb, weil sie mir ständig nach frischem Brot zu duften schienen. Und ich sehnte mich so oft nach ihrer Berührung, wie sich unsere ganze Familie nach Brot sehnte, das nur selten im Haus zu finden war. Einmal fragte ich meinen Vater nach der Herkunft dieses Geruches. Er zuckte mit den Achseln und sagte traurig: Ach, geh, was du alles riechst! Woher soll ich denn zu Brot kommen? Und die Mutter sagte: Das ist kein Wunder, wer nach Brot hungert, dem duftet alles nach Brot... Ich verstand damals nicht, warum es kein Wunder sein sollte, wenn die Hände meines Vaters, der unter größten Mühen kaum ein Stück Brot zu verdienen bekam, dessen Duft in sich bargen. Erst als ich später herausfand, daß das Aroma der Ehrlichkeit vergleichbar mit dem Duft frischen Brotes ist, begriff ich, wonach Vaters Hände wirklich gerochen hatten.«

Mit seiner Erzählung stellt Mark Rasumny die Frage: »Wovon lebt der Mensch?«

- Lebt er von der Mühe und der Arbeit um das tägliche Brot?
- Von der Weisheit, mit der er sein Leben durchschaut, wie die Fragen des Kindes?
- Von dem Wissen, mit dem er seine Welt gestaltet?
- Von der »naiven« Dankbarkeit des Kindes, dem auch die leeren Hände des Vaters den Hunger stillen?

Wovon lebt der Mensch? Frage der Nachdenklichen und Grübler! Rasumny fragt die alten Mauern und blinden Fenster, die Regenlachen und das welke Laub, die Kinder und dic verwitterten Gesichter. Sie alle geben ihm Antworten auf die Frage: Wovon lebt der Mensch?

Ich glaube, er hätte sich gut verstanden, dieser Weise aus Riga mit einem anderen Weisen seines Volkes, dem Prediger Salomo. Auch dieser konnte im Kleinen und Zufälligen lesen. Auch er befragte die ihn umgebende, auf ihn einstürzende Welt: Wovon lebt der Mensch und welchen Gewinn hat er bei all seiner Mühe?

> »Ich sah die Arbeit, die Gott den Menschen gegeben hat,
> daß sie sich damit plagen.
> Er hat alles schön gemacht zu seiner Zeit,
> auch hat er die Ewigkeit in ihr Herz gelegt;
> nur daß der Mensch nicht ergründen kann das Werk,
> das Gott tut, weder Anfang noch Ende.
> Da merkte ich, daß es nichts Besseres dabei gibt
> als fröhlich sein und sich gütlich tun in seinem Leben.

Denn ein Mensch, der da ißt und trinkt
und hat guten Mut bei all seinen Mühen,
das ist eine Gabe Gottes.« (Koh 3,10–13)

I

Lebt der Mensch von seiner Arbeit? Kann er sich mit seinen Händen alles schaffen? Das Korn des Feldes, frisches Brot, gütige Augen, ein klares Lachen? Die Weisen ahnen: Wer glaubt, er könne sich alles selber geben, wer der Verherrlichung und Vergötzung der Arbeit Glauben schenkt, der sieht nur den Vordergrund. Er hat den Blick verloren für die tiefen Hintergründe menschlichen Tuns. Schneller als er sichs versieht, ist er einem Aberglauben aufgesessen. Der Weise erinnert daran, daß der Mensch nicht allein von seiner Hände Arbeit lebt. Er vergißt die schwieligen, leeren Hände des Vaters nicht, die ihm dennoch den Hunger stillen. Er fühlt, daß da durch den Vater einer immer schon am Werk war, bevor dieser an seine Arbeit ging, daß der Vater nur fortsetzte und in seine Hände nahm, was vorher durch andere Hände ging: Alles hat er schön gemacht zu seiner Zeit. Gott hat gehandelt, bevor wir Menschen unsere Hände rühren konnten. Er gab die Luft und das Wasser, den Leib der Mutter und das Brot des Feldes. Bevor deine Hände und dein Geist sich regten, war er schon am Werk. Er hat alles gut gemacht zu seiner Zeit, der Schöpfer und Erhalter der Welt. Also wovon lebt der Mensch? Von seiner Hände Arbeit? Ja, auch – aber es bleibt die stille Ahnung der Weisen, daß das nicht reicht zum Leben. Vor uns war immer schon ein anderer am Werk, damit wir staunen können und die Welt empfangen.

II

Lebt der Mensch von seiner Weisheit? Vom tiefen Denken und fleißigen Lernen, von Abiturprüfungen, der Lebensklugheit der Alten, der hintergründigen Bauernschläue? Lebt er, weil er einen Kopf hat? Verdanken wir unserer Klugheit und unserem Wissen das Leben? Von Mark Rasumny und dem Prediger Salomo könnten wir lernen: Wer viel weiß, ist noch lange nicht weise. Wer mit dem Fieber lebt, die Welt in Bilder, Gesetze, Regeln, Computerprogramme und

Formeln einzufangen, wer glaubt, nur so sei er dicht dran, am Lauf der Zeit, lebt von der Einbildung: »Nur daß der Mensch nicht herausfindet das Tun, das Gott vollbringt vom Anfang bis zum Ende.« Allem Wissen und aller Weisheit sind Grenzen gesetzt. Vielleicht habt ihr Abiturienten das in den Prüfungen der letzten Tage schmerzlich erfahren. Noch schmerzlicher werden die Grenzen der Weisheit in den Lebensprüfungen, die ihr wohl noch vor euch habt. In einer Zeit, die nicht nur dem Arbeitsaberglauben, sondern auch dem Wissenschaftsaberglauben Opfer bringt, der Sucht nach grenzenlosem Wissen huldigt, ist es gut, auf den Prediger Salomo zu hören: »Alles, was da ist, das ist fern und tief, tief, wer will es ergründen?« Worte eines Weisen sind das, der den Fluch und Segen des Wissens kannte: »Denn wo viel Weisheit ist, da ist viel Grämen, und wer viel lernt, der muß viel leiden.« Wer verstünde das besser als ein Schüler des Kirchlichen Proseminars? Der Weise bleibt ehrlich. Er verliert das Aroma der Aufrichtigkeit nicht, wenn er sich Segen und Fluch der Wissenschaft vorlegen läßt, die uns eben nicht nur das Brot, sondern auch tote Flüsse, nicht nur intelligente Maschinen, sondern auch seelisch verkrüppelte Menschen beschert. Wer kann, wo schon das Tun der Menschen undurchsichtig bleibt, das Tun Gottes ergründen? Wer den Lauf der Zeit, die uns gegeben ist, die Ewigkeit, die ER uns ins Herz gesenkt hat? Deswegen noch einmal: Wovon lebt der Mensch? Von der Weisheit und vom Wissen? Ja, auch, aber längst nicht nur. Denn wären wir nur auf unsere Weisheit angewiesen, stünde es nicht zum Besten mit uns.

III

Der Mensch lebt vom dankbaren Nehmen, von den offenen Händen, von der Kunst, sich beschenken zu lassen mit dem Leben. Er lebt von der Freude am Guten und den Gütern, die für ihn bereitliegen, ohne daß er sich je darum mühen mußte, weder mit seinen Händen noch mit seinem Kopf. Als Beschenkte die Hände ausstrecken, als Geplagte und Geprüfte die vor uns liegende freie Zeit genießen, Zeit zum Leben, als Wissende weise werden, auch darum wissen, was sich nicht wissen läßt, davon lebt der Mensch: von den einfachen Gaben Gottes.

Der Prediger Salomo, die ganze Bibel, Mark Rasumny, die alten Mauern und Straßen auch dieser Stadt, die stolzen Türme dieses

Domes, sie alle zeigen wie ein Finger auf ihn, den Geber aller Gaben. Alles will eine Botschaft sein an uns. Sei arbeitsam und weise, laß dir die Hände füllen mit dem Reichtum dieser Welt. Denn jeder Mensch, der da ißt und trinkt und auf das Gute sieht bei all seiner Mühe, das ist eine Gabe Gottes.

Und da ich als »Prediger« nicht euer »Lehrer« bin, darf ich es wohl wagen, diese Predigt mit einem Schlußwort zu versehen, daß auch zu den Schlußworten des Predigers Salomo gehört: »Und über all dem mein Sohn laß dich warnen; denn des vielen Büchermachens ist kein Ende und viel Studieren macht den Leib müde.« Das wärs, fröhliche Ferien als Zeit für euch und Zeit zum Leben. Amen

Ende der Berechnungen – Anfang des Lebens

Liebe Studentengemeinde!

Die Laubhütte ist für das jüdische Volk ein Symbol der Wanderung und der Ruhe zugleich. Wenn das jüdische Jahr seinen Festkreis beschließt, werden in den Höfen und Gärten Israels Laubhütten aufgestellt. Das Haus trifft sich zum heiteren Mahl. Eine Atempause der Ruhe, ein Hauch von Erlösung, ein Schimmer des neuen Lebens liegt über der Hütte der Fröhlichen. Aber sie wissen auch: Am Ziel sind wir noch nicht! Morgen schon wird die Hütte abgebrochen, bald schon sind wir wieder auf der Wanderung durch die Wüsten der Jahrhunderte. Und durch das Blätterdach scheint das »süße Licht«, der Himmel, der die Festgemeinde nicht vergessen läßt: Es ist nur eine Station, ein Innehalten in der Zeit, ein Erinnern von Vergangenem.

Die Laubhütte Israels – Symbol eines Volkes, das im Tanz, im Lied, im Fest die Vergangenheit und die Zukunft Gottes in den Wüsten des Lebens aufleuchten läßt.

I

Jedes Fest hat seinen Abgesang, dem Sonntag folgt ein Werktag, dem Innehalten ein Aufbruch. Bevor an der Neige des Festes der erste Stern des Sabbatabends durchs Laubdach glitzert, greifen die frommen Väter Israels zum Buch der Bücher und lesen zum Laubhüttenfest Worte des Predigers Salomo:

»Wer auf den Wind achtet, kommt nicht zum Säen,
und wer nach den Wolken schaut, kommt nicht zum Ernten.
Wie du nicht weißt den Weg des Windes noch die Geheimnisse im Leib der Schwangeren,
so kennst du auch nicht das Walten Gottes, der das alles bewirkt.
Am Morgen säe deine Saat, und laß deine Hand bis zum Abend nicht ruhen; du weißt ja nicht, ob dies gerät oder jenes, oder ob beides gleich gut ist.
Süß ist das Licht, und den Augen tut es wohl, die Sonne zu sehen.« (Koh 11, 4–7)

Weisheit in der Laubhütte ist das, nicht die Weisheit der Paläste. Worte zum Aufbruch sind das, nicht zum behäbigen Niederlassen! Laß dich nicht festhalten vom Fest! Reiß deine Hütte ab, ziehe los, fürchte den Wind nicht! Worte eines unbekannten Weisen aus Israel! Eine längst vergessene Stimme in unserer Kirche. Begraben in einem Büchlein der Bibel, das viel gepriesen, aber wenig gelesen und fast nie gepredigt wird. Warum eigentlich will die Kirche nicht lernen vom Prediger Salomo?

Wir sorgen uns viel um die freie Meinungsäußerung der Verstummten und Totgeschwiegenen. Bisweilen läßt uns diese Sorge vergessen, daß auch der vom Staub gefüllte Mund der Toten ein Mitspracherecht hat, wenn es um die Zukunft des Lebens geht. Die Sorge um Zensur und Selbstzensur des gesprochenen und geschriebenen Wortes macht uns oft blind für den emsigen Rotstift des Vergessens, dem die unbequemen Toten ein zweites Mal zum Opfer fallen. Und er, der Prediger Salomo, gehört dazu. Auch wir Christen haben unsere Probleme mit der biblischen »Erberezeption«. Schon Martin Luther stöhnte in seinem Wittenberger Hörsaal:

»Niemand hat dieses Buch in verderblicherer Weise gebraucht als die Schulen der Theologen.«

Und er vermahnt uns dringlich:

»Daher empfehle ich gottseligen Brüdern diesen, meinen Prediger Salomo.«

Wir gottseligen Brüder und Schwestern! Haben wir die Mahnung nicht gehört? Ist der Prediger Salomo ein vergessenes Buch der Kirche? Ausgewandert aus unseren Gemeinden und Gottesdiensten? Hat er seinen Hut genommen und sich seine eigenen Sympathisanten unter den ›literarischen und philosophischen Feinschmeckern‹

gesucht? So unterschiedliche Geister wie Matthias Claudius, Voltaire, Feuchtwanger, Huxley oder Sartre, sie alle gehören zur Gemeinde dieses Buches – und wir? Der Prediger Salomo geistert durch die »Ernste(n) Gesänge« Johannes Brahms' ebenso wie durch die Filmmusik einer Rockgruppe unseres Landes. Ihnen allen hat er eine Menge zu sagen – und uns? Wer sein Erbe nicht antritt, sollte sich nicht wundern, wenn er enterbt wird.

II

Oder hat es vielleicht doch einen tieferen Grund als den der Ignoranz, daß wir dieses Büchlein kaum predigen? Hatte es nicht seine Folgen, daß die Gemeinde Jesu Christi an Stelle von Laubhütten feste Häuser baute, prächtige Dome, daß wir uns seßhaft gemacht haben, des ewigen Wanderns müde? Haben wir den Glauben an Gottes letztes großes Wallfahrtsfest zum Zion aufgegeben, uns häuslich eingerichtet in den Laubhütten, den Provisorien unseres Lebens?

Ziehen wir der Wanderung in eine unsichere Zukunft nicht doch die selbstgenügsame Ruhe in einer scheinbar sicheren und berechenbaren Gegenwart vor?

Sind wir eine zukunftsmüde Generation, die den Ausblick auf die Zukunft für den Augenblick der Gegenwart verspielt? Ich weiß das nicht, aber der Prediger Salomo bringt mich auf solche Fragen. Uns ist er schon eine Zumutung, dieser Weise aus Israel, mit seinem Wort auf der Schwelle zwischen Ruhe und Aufbruch:

»Wer auf den Wind achtet, kommt nicht zum Säen, und wer nach den Wolken schaut, kommt nicht zum Ernten. Wie du nicht weißt den Weg des Windes noch die Geheimnisse im Leib der Schwangeren...«

Einer Generation wie der unseren, ja einer ganzen Kultur, die von der Faszination der Zahl und der Berechnung lebt, müssen solche Worte quer im Halse stecken. Der Tanz um die Zahlen wie um das goldene Kalb bestimmt den Rhythmus unserer Lebens. Die Zahlen – das sind die Hieroglyphen des Fortschritts! Wer eins sagt, denkt schon zwei. Und wer zwei hat, dem geht die Drei nicht mehr aus dem Sinn. Wirtschaftszahlen, Planziffern, Produktivitätszahlen, Bruttosozialprodukt, durchschnittliche Lebenserwartung, Krankenstatistik, Statistik der Gottesdienstbesucher, Sterbezahlen, Geburtenrate... Die Zahl, das ist das Maß aller Dinge. Alles scheint berechenbar, planbar, machbar, durchschaubar zu sein. Nicht Dunkelheit und Licht, nein, die Ziffern der Uhr, die Notwendigkeiten der Maschinen und Fabriken verfügen über den Ablauf unseres Tages. Die Zahl, das ist die heilige Kuh, das schlagende Argument, der Kanon und die Bibel der Technokraten. Nicht mehr Propheten, die Zahlen weissagen uns die Zukunft, wecken die Illusion vom berechenbaren Leben. Und ich frage mich, wie lange unsere Opfer für die Zahlen noch bezahlbar sind.

Seit ich den Prediger Salomo lese, beginne ich am Sinn mancher Zahlen zu zweifeln; dumme Fragen gehen mir durch den Kopf: Werden die, die heute immer noch so sorgsam das Gleichgewicht des Schreckens berechnen, die Balance-Künstler zwischen Leben und Tod, werden sie morgen auch noch die Strichlisten der Toten führen? Der Tod hatte schon immer einen fatalen Hang zur Bürokratie! Wird uns das Geld, das wir heute immer noch für die Schwerter bezahlen, nicht morgen für die Pflugscharen fehlen? Wer garantiert uns, daß sich in die berechnete Sicherheit der Atomraketen und Atomreaktoren kein Rechenfehler einschleicht? Glaubt es nur, Zahlenanbeter gibt es, die passen nicht die Zahl der Wirklichkeit, sondern die Wirklichkeit den Zahlen an. Die Faszination der Zahl, die Faszination des berechenbaren Lebens, der berechenbaren Zukunft und Sicherheit ist ins Wanken geraten. Kluge Politiker beginnen wieder vom Vertrauen zu reden, das sich nicht allein in Zahlen ausdrücken läßt. So rät schon der weise Prediger: Wer auf den Wind achtet, sät nicht, wer auf die Wolken sieht, erntet nicht. Denn schon so manche Saat des Vertrauens ist aufgegangen, obwohl die Übermacht der Zahlen gegen sie stand und der Wind sie in aller Herren Länder zerstreute. »Wie du nicht weißt den Weg des Windes noch die Geheimnisse im Leib der Schwangeren...« So manches Kind beginnt zu atmen im Mutterleib, und mit ihm wächst die Hoffnung, obwohl uns, den Lebenden, der Kampf ums Gleichgewicht der Kräfte den Atem verschlägt.
»...so kennst du auch nicht das Walten Gottes, der das alles bewirkt.«

Der Gott des Lebens ist kein Gott der Berechnung und auch nicht der private Schutzgott der Bürokraten. Leben wächst nicht allein aus Berechnung, Leben wächst aus Liebe. Der Gott, der Leben rettet, belebt, beseelt nicht aus Berechnung, sondern aus unberechenbarer Liebe. Weißt du all das, was er tut? Kannst du es fassen in das System deiner Zahlen?

„Alles hat er gut gemacht zu seiner Zeit" (Koh 3, 11).

Ich hoffe auf einen Tag, an dem der Hochmut so mancher Zahlen ans Ende kommt, und das belächelte, verlotterte Wort von der »Demut des Lebens« wieder zu seinem Recht kommt.

Ich hoffe auf einen Tag, an dem unsere Bunker berechnender Sicherheit zu fröhlichen Laubhütten am Wege werden. Schutzlos – und doch ein Ort der Feier, ein Vorgeschmack des wahren Lebens, das unberechenbar ist.

Ich hoffe auf einen Tag, an dem ich erwache, vom Morgen bis zum Abend meiner Arbeit nachgehe, nicht weil mich die Zeiger der Uhr treiben, sondern weil mir ein unvergleichlicher Geschmack auf der Zunge liegt:

»Süß ist das Licht, und den Augen tut es wohl, die Sonne zu sehen.«

Ich hoffe auf einen Tag, an dem die Unvernunft mancher Zahlen den vernünftigen Träumen weicht.

III

Einen kenne ich, der lebte diese Hoffnung, diesen Traum. Er machte sich auf den unberechenbaren Weg von Nazaret nach Jerusalem. Sein Leben war nicht Sitzen und Berechnen, sondern Wandern und Begegnen.

»Die Füchse haben Höhlen und die Vögel des Himmels Nester. Der Menschensohn aber hat nicht, wohin er sein Haupt legen kann.« (Mt 8,20)

Manchmal fasziniert mich der Gedanke, die beiden Lehrer Israels wären sich begegnet, Jesus und der unbekannte Prediger. Hätten sie vielleicht den Worten nachgedacht:

»Wer auf den Wind achtet, kommt nicht zum Säen, und wer auf die Wolken schaut, kommt nicht zum Ernten«?

Und hätte der andere dann vielleicht sekundiert: »Wer seine Hand an den Pflug legt und sieht zurück, der ist nicht geschickt zum Reiche Gottes« (Lk 9,62)?

Und ob sich wohl beide trotz allen Pflügens und Säens am Einfachen, Alltäglichen gefreut hätten wie die Kinder? »Süß ist das Licht...«

Der Prediger Salomo, der Zweifler an der Berechenbarkeit des Lebens; Jesus von Nazaret, der alle Berechnungen durch begegnende Liebe zerbrach. Ihre Weisheit reicht weiter als unsere Zahlen und Berechnungen. Könnten sie nicht auch die Lehrer unserer Träume sein? Amen.

Literaturverzeichnis

Assmann, J., Ma'at. Gerechtigkeit und Unsterblichkeit im Alten Ägypten, München 1990

Baumgartner, W., Israelitische und altorientalische Weisheit, Tübingen 1933

Bernhard, W., Wissenschaft in einer menschlicheren Welt, in: Nova Acta Leopoldina 222/43, Halle ³1978, S. 25–36

Bloch, E., Atheismus im Christentum, Frankfurt a. M. 1969

Braun, R., Kohelet und die frühhellenistische Popularphilosophie, BZAW 130, Berlin/New York 1973

Brunner, H., Altägyptische Weisheit. Lehren für das Leben, Darmstadt 1988

Buber, M., Werke II und III, München 1963/64

Delitzsch, F., Hoheslied und Kohelet, BC IV/4, Leipzig 1875

Doll, P., Menschenschöpfung und Weltschöpfung in der alttestamentlichen Weisheit, SBS 117, Stuttgart 1985

Dürr, L., Das Erziehungswesen im Alten Testament und im antiken Orient, Leipzig 1932

Falkenstein, A., Der »Sohn des Tafelhauses«, WO 1948, 172–186

Fichtner, J., Die altorientalische Weisheit in ihrer israelitisch-jüdischen Ausprägung, BZAW 62, Gießen 1933

Fohrer,G., Das Buch Hiob, KAT, Berlin 1967

Fohrer,G., Studien zum Buche Hiob, (1965–1979), BZAW 159, Berlin–New York ²1983

Galling, K., Der Prediger. Die fünf Megilloth, HAT I/18, Tübingen ²1969

Gemser, B., Sprüche Salomos, HAT 16, Tübingen ²1963

Gerstenberger, E., Zur alttestamentlichen Weisheit, VF 14, 1969, S. 28–44

Gerstenberger, E., Wesen und Herkunft des ›apodiktischen Rechts‹, WMANT 20, Neukirchen-Vluyn 1965

Gese, H., Lehre und Wirklichkeit in der alten Weisheit, Tübingen 1958

Golka, F. W., Die Königs- und Hofsprüche und der Ursprung der israelitischen Weisheit, VT XXXVI, 1986, S. 13–36

Golka, F. W., Die israelitische Weisheitsschule oder ›des Kaisers neue Kleider‹, VT XXXIII, 1983, S. 257–270
Grapow, H., Wörterbücher, Repertorien, Schülerhandschriften, HO I,2, S. 187–193
Greßmann, H., Altorientalische Texte zum Alten Testament, Berlin/Leipzig 1926
Grimm, J. u. W., Deutsches Wörterbuch XIV 1,1, Leipzig 1955
Grundmann, W., Weisheit im Horizont des Reiches Gottes, Stuttgart 1988
Hengel, M., Jesus als messianischer Lehrer der Weisheit und die Anfänge der Christologie, in: Sagesse et religion, Paris 1979, S. 148 bis 188
Herder, J. G., Werke 11, Berlin 1967
Hermisson, H. J., Studien zur israelitischen Spruchweisheit, WMANT 28, Neukirchen-Vluyn 1968
Hertzberg, H. W., Der Prediger, KAT, Berlin 1972
Hesse, F., Hiob, ZBK 14, Zürich 1978
Jonas, H., Prinzip Verantwortung, Frankfurt a. M. 1989
Jung, C. G., Antwort auf Hiob, Zürich [4]1967
Kaiser, O., Der Mensch unter dem Schicksal. Studien zur Geschichte, Theologie und Gegenwartsbedeutung der Weisheit, BZAW 161, Berlin/New York 1985
Kayatz, Chr., Studien zu Proverbien 1–9, WMANT 22, Neukirchen-Vluyn 1966
Bauer-Kayatz, Chr., Einführung in die alttestamentliche Weisheit, BSt 55, Neukirchen-Vluyn 1969
Keel, O., Jahwes Entgegnung an Ijob, FRLANT 121, Göttingen 1978
Kierkegaard, S., Werke 5./6. Abteilung, Gütersloh 1980
Koch, K., Gibt es ein Vergeltungsdogma im Alten Testament?, ZThK 52, 1955, 1–42
Kroeber, R., Der Prediger, SQAW 13, Berlin 1963
Kutsch, E., Hiob: leidender Gerechter – leidender Mensch, in: ders., Kleine Schriften zum Alten Testament, BZAW 168, 1986, S. 290–307
Landmann, S., Der jüdische Witz, Freiburg i. Br. [6]1968
Lang, B., Die weisheitliche Lehrrede, SBS 54, Stuttgart 1972
Lang, B., Schule und Unterricht im alten Israel, in: ders., Wie wird man Prophet in Israel?, Düsseldorf 1980, S. 104–119
Lang, B., Frau Weisheit, Düsseldorf 1975

Lauha, A., Kohelet, BK. AT XIX, Neukirchen-Vluyn 1978
Lohfink, N., Kohelet, NEB Leipzig 1986
Loretz, O., Qohelet und der Alte Orient, Freiburg i. Br. 1964
Lux, R., ›Die ungepredigte Bibel‹. Überlegungen zum theologischen Ort der Weisheit Israels in der christlichen Verkündigung, PTh 79, S. 524–544
Lux, R., ›Ich, Kohelet, bin König ...‹. Die Fiktion als Schlüssel zur Wirklichkeit in Kohelet 1,12–2,26, EvTh 50, 1990, S. 331–342
Lux, R., Der ›Lebenskompromiß‹ – ein Wesenszug im Denken Kohelets?, in: H.-J. Zobel – J. Hausmann (Hg.), Alttestamentlicher Glaube und Biblische Theologie, FS H. D. Preuß, Stuttgart/Berlin/Köln 1992, S. 267–278
Maag, V., Hiob, FRLANT 128, Göttingen 1982
Meinhold, A., Die Sprüche I. und II, ZB 16,1/2, Zürich 1991
Merkel, F., Die Predigt weisheitlicher Texte als homiletisches Problem, ThViat X, 1965/66, S. 196–212
Michel, D., Qohelet, EdF 258, Darmstadt 1988
Michel, D., Untersuchungen zur Eigenart des Buches Qohelet, BZAW 183, 1989
Müller, H.-P., Neige der hebräischen ›Weisheit‹. Zum Denken Qohäläts, ZAW 90, 1978, S. 238–264
Müller, H.-P., Wie sprach Qohelet von Gott?, VT XVIII, 1968, S. 507–521
Nietzsche, F., Gesammelte Werke VII, München 1922
Plöger, O., Sprüche Salomos (Proverbien), BK. AT XVII, Neukirchen-Vluyn 1984
Preuß, H. D., Einführung in die alttestamentliche Weisheitsliteratur, Stuttgart/Berlin/Köln/Mainz 1987
Preuß, H. D., Alttestamentliche Weisheit in christlicher Theologie?, BEThL 33, 1974, S. 165–181
von Rad, G., Weisheit in Israel, Neukirchen-Vluyn 1970
von Rad, G., Christliche Weisheit?, In: ders., Gesammelte Studien zum Alten Testament II, TB 48, München 1973
Rendtorff, R., Geschichtliches und weisheitliches Denken im Alten Testament, in: Donner, H. u. a. (Hg.), Beiträge zur alttestamentlichen Theologie, FS W. Zimmerli, Göttingen/Zürich 1977, S. 344 bis 353
Richter, W., Recht und Ethos. Versuch einer Ortung des weisheitlichen Mahnspruches, StANT 15, München 1966
Riesner, R., Jesus als Lehrer, WUNT 2/7, Tübingen 1981

Schimanowski, G., Weisheit und Messias. Die jüdischen Voraussetzungen der urchristlichen Präexistenzchristologie, WUNT 2/17, Tübingen 1985
Schmid, H. H., Altorientalische Welt in der alttestamentlichen Theologie, Zürich 1974
Schmid, H. H., Wesen und Geschichte der Weisheit, BZAW 101, Berlin/New York 1966
Schmid, H. H., Gerechtigkeit als Weltordnung. Hintergrund und Geschichte des alttestamentlichen Gerechtigkeitsbegriffes, BHTh 40, Tübingen 1968
Schubert, M., Schöpfungstheologie bei Kohelet, BEATAJ 15, Frankfurt a. M./Bern/New York/Paris 1989
Skladny, U., Die ältesten Spruchsammlungen in Israel, Berlin 1961
Timm, H., Evangelische Weisheit. Zur Kritik der ökotheologischen Apokalyptik, ZThK 84, 1987, S. 345–370
von Weizsäcker, C. F., Deutlichkeit. Beiträge zu politischen und religiösen Gegenwartsfragen, München/Wien 1978
von Weizsäcker, C. F., Der Garten des Menschlichen. Beiträge zur geschichtlichen Anthropologie, München/Wien ^{7}1980
Westermann, C., Der Aufbau des Buches Hiob, Stuttgart ^{2}1977
Westermann, C., Weisheit im Sprichwort, in: ders., Forschungen am Alten Testament. Gesammelte Studien II, TB 55, München 1974, S. 149–161
Westermann, C., Schöpfung, ThTh 12, Stuttgart 1971
Westermann, C., Wurzeln der Weisheit. Die ältesten Sprüche Israels und anderer Völker, Göttingen 1990
Zeller, D., Die weisheitlichen Mahnsprüche bei den Synoptikern, fzb 17, Würzburg 1977
Zimmerli, W., Das Buch des Predigers Salomo, ATD 16/1,2, Göttingen ^{3}1980
Zimmerli, W., Zur Struktur der alttestamentlichen Weisheit, ZAW 51, 1933, S. 177–204
Zimmerli, W., Ort und Grenze der Weisheit im Rahmen der alttestamentlichen Theologie, in: ders., Gottes Offenbarung. Gesammelte Aufsätze, TB 19, München 1963
Zimmerli, W., Grundriß der alttestamentlichen Theologie, Stuttgart/Berlin/Köln/Mainz 1972

Quellennachweis zu den Abbildungen

Umschlagabbildung:
Die Rabbiner Eliezer, Joshua, Tarfon, Eleazar ben Azariah, Akiba aus der Ashkenazi Haggadah, Mitte des 15. Jahrhunderts. Das Original der Handschrift befindet sich in der British Library. (Abbildung nach der Faksimileausgabe von Thames and Hudson, London 1985.)

Abb. 1
Nachzeichnung nach G. Schiller, Ikonographie der christlichen Kunst, Bd. 4, 1, Gütersloh 1976, S. 261, Abb. 162

Abb. 2
Nachzeichnung nach J. B. Pritchard, The Ancient Near East in Pictures, Princeton 1969, S. 188, Abb. 561

Abb. 3
K. A. D. Smelik, Historische Dokumente aus dem alten Israel, Göttingen 1987, S. 26

Abb. 4
Nachzeichnung nach H. Brunner, Altägyptische Erziehung, Wiesbaden 1957, Tafel III.

Abb. 5
Nachzeichnung nach H. Brunner, Altägyptische Erziehung, Wiesbaden 1957, Tafel I

Abb. 6
Nachzeichnung nach J. H. Breasted, Geschichte Ägyptens, Vienna ^{2}1936, Abb. 232

Abb. 7
R. Müller (Hg), Geschichte der Antike, 1 Griechenland, Berlin 1980, S. 178

Abb. 8
U. Winter, Frau und Göttin, OBO 53, Freiburg/Göttingen 1983, Abb. 281

Abb.9
O. Keel, Jahwes Entgegnung an Ijob, FRLANT 121, Göttingen 1978, S. 115, Abb. 57

Stellenregister

Altes Testament, Apokryphen und Pseudepigraphen

Neues Testament

Außerbiblisches Schrifttum